Laboratory Manual to accompany

A Beginning Course

¡En directo!

Second Edition

Laboratory Manual to accompany

A Beginning Course

¡En directo!

Second Edition

Martha E. Schaffer
University of San Francisco

McGraw-Hill, Inc.
New York   St. Louis   San Francisco   Auckland   Bogotá   Caracas
Lisbon   London   Madrid   Mexico City   Milan   Montreal   New Delhi
San Juan   Singapore   Sydney   Tokyo   Toronto

This is an  book.

Laboratory Manual to accompany
¡En directo! A Beginning Course, Second Edition

 This book is printed on recycled paper containing a minimum of 50% total recycled fiber with 10% postconsumer de-inked fiber.

1 2 3 4 5 6 7 8 9 0   SEM SEM   9 0 9 8 7 6 5 4

ISBN 0-07-006973-5

This book was set in Palatino by Barbara Powell Pelosi, Bay View Publishing Services. The editors were Leslie Berriman, Gregory Trauth, Mark Porter, and Kathy Melee; the production supervisor was Diane Renda.
Drawings were done by George Ulrich.
Quebecor Printing Semline, Inc. was printer and binder.

Grateful acknowledgment is made for use of the following materials:

Page 7, 53, 67, 195 *El País;* **37** *El Tiempo;* **49** *El Diario de Hoy;* **97, 115, 131** *YA;* **111** *YA*/Reuter; **149** Cunard, **165** *Vanidades,* Editorial América; **192** *Cambio 16;* **203** La Rosa del Monte; **207** (top, left) Reprinted with permission of Corfinge, (center) PR Express, (bottom, left) Reprinted with permission of Tropical Tours, (bottom, right) Reprinted with permission of Mundanzas Internacionales Azteca, Inc.

CONTENTS

PREFACE

To the Instructor

This completely new Laboratory Manual to accompany the second edition of *¡En Directo! A Beginning Course* provides additional listening and speaking practice as well as further opportunities for reading and writing.

Like the listening comprehension activities in the main text, the laboratory program focuses on reception and production, emphasizing natural language in plausible contexts. The listening activities reinforce and practice strategies such as relying on background knowledge, inferencing, guessing, and using cognates to deduce meaning, as well as listening for the gist or for details. In many exercises, students have the opportunity to develop note-taking and summarizing skills and to express their own preferences, ideas, and opinions.

To enhance understanding, occasional **Notas culturales** furnish background information on the topic of particular listening passages or activities. Information gap activities, similar to the **A ciegas** activities in the main text, give students a chance to assimilate information and practice question formation.

The Laboratory Manual closely follows the chapter structure of the main text and thus allows instructors to assign corresponding sections of the Laboratory Manual and main text for homework.

Each chapter is organized as follows:

- **De entrada** gives students further orientation into the chapter theme and provides a warm-up listening passage.
- **Pronunciación** explains and provides practice in the sounds and intonation of Spanish.
- **Palabras en contexto** practices the new, active vocabulary of the **Presentaciones** of the main text.
- **Estructuras en contexto** practices each of the grammar points of the corresponding main text chapter, recycling chapter vocabulary at the same time.
- **Leccion en contexto** presents longer listening passages related to the chapter theme that incorporate vocabulary and structures of the current and previous chapters. Students practice note-taking skills as they listen for both specific information and global meaning. Each passage is followed by personalized questions on the chapter theme.

Whenever possible, answers are given on the tape; all other answers can be found in the answer key in the appendix. Students should be encouraged to check their work and monitor their progress. Instructors might suggest to their students that they correct their own laboratory assignments in a different colored ink or pencil. This strategy allows the instructor to see at a glance the nature of their errors and also gives the students immediate feedback about the vocabulary and grammatical topics that need more attention.

In exercises where answers may vary or may be personal, such as in the **Leccion en contexto** section, possible answers are often provided. Students can use these to see if they are on track with their responses, though instructors will need to check these sections for appropriate use of vocabulary and structures.

The Laboratory Manual should be viewed as a classroom supplement in two ways. First, because this ancillary is so closely tied to the main text in philosophy, structure, and learning strategies, it provides an important continuation of instructor-guided learning outside the classroom. Students will enjoy greater success with the laboratory materials if they understand that listening is a skill learned through practice and that home study with the Laboratory Manual is a natural extension of classroom learning. Second, because the Laboratory Manual activities are rich and varied, instructors can bring many of them into class, using them "as is" or recycling them by changing their focus. Instructors should remind students that listening activities are skill-builders, and that strategies for improving listening skills can be shared and discussed.

To the Student

The following suggestions should help you get maximum benefit out of the laboratory program:

- Listen to sections of each chapter after your instructor has covered the corresponding sections of the main text in class.
- Keep your textbook at hand for reference.
- Be sure to read the directions and follow the models carefully, so that you understand the purpose of the activity and how it works before you start.
- Examine any visuals or texts before doing the activity.
- If you find the pauses too short, pause or stop the tape to give yourself sufficient time to answer. It is more important that you answer with understanding than with speed.
- Before listening to a passage a second time (to confirm your answers or to jot down additional information), look over the information you have already taken down and think about what you heard the first time.
- Check your answers carefully. If you had difficulty with the activity, do it again. You may also wish to note questions or problems in the margin and discuss them with your instructor.
- For variety, work with a classmate, taking turns answering, sharing insights and ideas, and comparing answers.

Acknowledgments

I would like to thank Pat Boylan for sharing materials with me and Lee Ann Grace for her helpful suggestions in the early stages of developing the laboratory program. I am also grateful to Laura Chastain and María Sandoval, who read the manuscript closely for authenticity of language, and to Sharon O'Keefe, who compiled the answer key. Special thanks are due Mark Porter and Kathy Melee for their fine editing, and Gregory Trauth and Leslie Berriman for their handling of all of the in-house details involved in publishing this laboratory program.

Martha E. Schaffer
University of San Francisco

INICIACIÓN **A**

DE ENTRADA

This activity is similar to the one which introduces **Iniciación A** in your textbook, so use the same strategies: know what you're going to listen for, apply intuition and logic, and relax. Read the following situations. Using your knowledge of people and any Spanish you may already know, match these situations with the brief exchanges you will hear on the tape. Before beginning to listen, consider the combinations of individuals and tones of voice you might expect to hear in each situation. Now begin the tape.

_____ a brother and sister arguing

_____ a young couple in a romantic mood

_____ a student and professor who run into one another between classes

_____ a student introducing a friend to two other students

_____ a professor introducing a student to another professor

_____ roommates saying good-bye as they leave for class

PRONUNCIACIÓN

El alfabeto°

The alphabet

Although you may not often spell aloud in English, you will probably find it necessary to do so in Spanish. For example, if your instructor tells you a word or a Spanish-speaker says a word or name you do not recognize, you may need to ask how to spell it. Similarly, Spanish-speakers may ask you to spell words you use. Look at the names of the letters of the alphabet and repeat as you hear them.

a	ka	ere
be	jota	erre
ce	ele	ese
che	elle	te
de	eme	u
e	ene	ve
efe	eñe	doble ve
ge	o	equis
hache	pe	y griega
i	cu	zeta

Repeat this exercise until you are comfortable saying most of the names of the letters.

Actividad 1 ¿Qué palabra deletreó?° *What word did he spell?*

A. Check off the words you hear spelled.

1. _____ ojo   5. _____ profesor   9. _____ silla

2. _____ libro   6. _____ ocho   10. _____ siete

3. _____ mesa   7. _____ profesora

4. _____ suelo   8. _____ seis

B. Now, repeat the spelling of the same words as you hear them.

Actividad 2 ¡Ahora deletreo yo!° *Now I'll spell!*

Can you spell the remaining words yourself? Spell words 4, 5, and 8 in the intervals provided on tape, and listen to the correct spelling.

The following activities focus primarily on discrimination, that is on associating Spanish you hear spoken with written Spanish.

Actividad 3 ¡Presente!° *Here!*

Imagine that you are helping your professor take roll. Your professor will read the names aloud. Check the students' names off the list as they respond **presente**. Be careful: neither your list nor the professor's is in alphabetical order!

_____ Rosalía Rodríguez Ríos   _____ Rosaura Ramírez Montes

_____ Enrique Hernández Andrade   _____ Carlos Roberto Alvar Miramontes

_____ Margarita Carreño de Saucedo   _____ María Carmen Bosque y Núñez

_____ Alicia Villalón Hervás   _____ Rodrigo Villalba Ramos

NOTA CULTURAL

If you were to alphabetize these names, you would order them according to the first of the two surnames (apellidos). In other words, Carlos Roberto Alvar Miramontes would be first (Alvar), followed by María Carmen Bosque y Núñez (Bosque), Margarita Carreño de Saucedo (Carreño), and so on. If a person decides to use only one of the **apellidos**, as many do, it is the first. You will learn more about conventions for personal names in **Capítulo 4** of your textbook. In the meantime, when you look up books by Spanish authors or names in the phone book, remember to look under the first **apellido**!

Actividad 4   Otra vez, ¿cómo se escribe?°   *Again, how is it spelled?*

Now your professor will ask you to spell parts of some of the names. Try to spell as requested, then listen
to the correct spelling.

Actividad 5   Los cognados°   *Cognates*

Write the cognates that you hear. Remember: cognates are words in two different languages that are
similar in appearance and meaning. Guess if you are unsure.

1. _____   5. _____   9. _____

2. _____   6. _____   10. _____

3. _____   7. _____

4. _____   8. _____

Actividad 6   Necesito comprar...°   *I need to buy . . .*

Look at this Monoprix ad. Underline the words you recognize from **Iniciación A** in the main text. Can
you identify any cognates? If so, underline them as well. Stop the tape while you underline. When you
have finished, restart the tape. Now listen as Gerardo lists the items he needs to purchase today. Check
off the items in the ad which he names. Gerardo will say **Necesito comprar...** (*I need to buy*), then the item.
Will Gerardo be able to do all his shopping at Monoprix?

Actividad 7 ¿Cómo se escribe?

Now you will be asked to spell some of these words. Refer to the ad as you spell, and listen to the correct spelling.

Actividad 8 Presentaciones

Professor Rodríguez is greeting Alfonso Gómez, a new student, and asks him a few questions. Listed are four of Alfonso's responses in their dialogue. What might the professor's questions have been? As you hear each of the four questions, write its number in the blank next to the corresponding answer.

_____ Me llamo Alfonso.

_____ B-A-B-A-H-O-Y-O.

_____ Soy del Ecuador, de Babahoyo.

_____ No. No soy de Chile.

PRESENTACIÓN A • SALUDOS: CONOCIENDO A LA GENTE

Actividad 9 ¿Cómo se llama?

Listen to the following introductions. Can you tell whether the speakers meet during the morning (**día**) or afternoon/evening (**tarde**)? Circle the appropriate answer.

1. morning   afternoon   can't tell   3. morning   afternoon   can't tell

2. morning   afternoon   can't tell   4. morning   afternoon   can't tell

Actividad 10 ¿Tú o Ud.?

Listen to the introductions again. Does the **first speaker** use a formal (**Ud., su, se**) or informal (**tú, tu, te**) question?

1. Ud. tú   3. Ud. tú

2. Ud. tú   4. Ud. tú

PRESENTACIÓN B • LA SALA DE CLASE Y LOS NÚMEROS

Actividad 11 En mi clase

You will now hear ten objects being named. As you listen, write the number given with each object inside the appropriate box. Look over the drawings before you begin. Do you remember this vocabulary from the text?

MODELO: puerta / 1

Actividad 12   ¿Cómo soy?

Listen as four people give brief descriptions of their personalities. Write the number of each description below the appropriate drawing. Rely on cognates and don't worry about words you don't know. First, listen to the model, and write an M under the appropriate drawing.

> MODELO: Soy Alberto Bernardo Alarcón y Pandero. Soy muy tradicional y responsable. Algunos creen que soy conservador.

_____

_____

_____

_____

Now each of these individuals will give you his or her phone number. Can you write the phone number on the line under each picture in **Actividad 12**? Catching numbers can be tricky, so just jot down whatever you can. First, listen to the model.

> MODELO: Soy Alberto Bernardo Alarcón y Pandero. ¿Quiere Ud. saber mi número de teléfono?
> Muy bien. Mi número de teléfono es el 14-20-17. Lo repito una vez más: 14-20-17.

LECCIÓN EN CONTEXTO

Listen to the following radio ad for a large department store. As you hear items mentioned, check them off on Anita's list of things to buy before classes begin.

A. Try to apply the listening strategies you learned in **Iniciación A**. First, think about what you are likely to hear in a radio ad. What information, other than the items advertised, might be mentioned?

_____ store hours	_____ other services
_____ dates of sale	_____ parking availability
_____ detailed descriptions	_____ guarantees
_____ competitor's address	_____ regular prices
_____ quality	_____ future sale dates

B. Next, look at Anita's list and consider whether any words on it are cognates. How might those words be pronounced? And the others?

C. Now listen. Remember to listen specifically for the items on the list: concentrate on them and don't let the unknown words distract you.

Compras urgentes
- *chaqueta*
- *mochila*
- *calculadora*
- *diccionario*
- *cuadernos*
- *bolígrafos*

INICIACIÓN **B**

DE ENTRADA

This graphic used to appear weekly in the TV guide of a major Madrid newspaper, *El País*. Stop the tape and read it carefully before answering the questions.

TELÉFONOS ÚTILES

BOMBEROS   **POLICIA**   **IBERIA 411 25 45**   **RENFE**

CRUZ ROJA   **AMBULANCIAS**   **AYUDA CARRETERA**   **TAXIS**
Urgencias   Cruz Roja **479 93 61**   Tráfico de carreteras **742 12 13**   Radio-Taxi **447 51 80**

A. Study the graphic and answer the following questions.

1. You may recognize the name of the Spanish national airline, Iberia. RENFE, the national railroad, stands for **Red Nacional de Ferrocarriles Españoles** (*Spanish National Railroad Network*). How many of the other agencies or services can you identify through the graphics alone?

   _____

2. How many of the agency or service names are cognates? _____

   _____

3. Do you know any names of cities that have the word **Cruz** in them? If so, jot them down.

   _____

4. What do you think **ayuda carretera** means? _____

B. Some of the telephone numbers in this listing are missing. Listen as they are given and jot them down.

PRONUNCIACIÓN

El alfabeto

Because the alphabet is a useful tool, practice it until you know it well. Look at the letters of the alphabet and repeat their names as you hear them.

a	h	ñ	u
b	i	o	v
c	j	p	w
ch	k	q	x
d	l	r	y
e	ll	rr	z
f	m	s	
g	n	t	

Las vocales°

Vowels

To practice the Spanish vowels (**a, e, i, o,** and **u**), first listen to and repeat the vowel, then listen to and repeat the words in which the vowel appears. Remember: English vowels tend to be produced with a glide, or as a long, two-vowel sound; Spanish vowels are not.

A	E	I	O	U
casa	cero	sí	hola	gusto
hasta	tres	mi	con	muy
mapa	seis	día	pronto	lunes
mañana	siete	Irina	como	un
llama	trece	y	rojo	su
fatal	veinte	libro	dos	tú
pizarra	qué	silla	profesor	cultura
falda	mes	quince	doce	blusa
sábado	porque	gris	ocho	azul

Los cognados

You will frequently need to rely on cognates to guess the meaning of certain words, but take care to pronounce them correctly in Spanish. Repeat the names of these states and cities as you hear them, pronouncing each vowel sound carefully.

California	Tejas	Las Vegas	Santa Fe
Colorado	Nuevo México	San Antonio	Durango
Arizona	Nueva York	Amarillo	
Florida	Los Ángeles	El Paso	

Actividad 1 ¿Cómo se escribe?

When asked to spell one of the above place names, do so. Then, listen as the correct spelling is confirmed for you.

Más cognados

Here is another list of cognates. As you hear each word, repeat it carefully in Spanish, then listen to the correct pronunciation, which will be modeled. Then repeat.

Patricia	Tomás	presidente	nacional	blusa
Sara	David	importante	social	suéter
Ana	Daniel	posible	general	tenis
Elena	Jesús	responsable	actual	chaqueta
María	Horacio	probable	ideal	jeans

Las sílabas tónicas°   *Stressed syllables*

In order to pronounce Spanish words well, you also need to recognize the stressed (or the loudest) syllable. Do you remember these norms from the text?

1. Words that end in a vowel, **n**, or **s** are normally stressed on the next to the last syllable.
2. Words that end in any other consonant are normally stressed on the last syllable.

Any word whose pronunciation departs from these two patterns carries a written accent on the stressed syllable.

Actividad 2 La sílaba tónica

Pause the tape and look at the final sound (or letter) in each of the names below. Referring to the norms, underscore the vowel or syllable in each name which would normally be stressed. Then, listen to the names as they are read. Did you correctly underscore the stressed (or loudest) syllable?

Ricardo Serrano y Montes   Rosa Costa Pandos

Marisol Carmen Vargas Rojas   Consuelo Rivero Robledo

Javier Enrique Prieto Grande   Antonio Carrillo Olivares

Actividad 3 ¿De dónde es Ud.? ¿Y cómo se escribe el nombre de ese lugar?

Now the persons mentioned in **Actividad 2** will introduce themselves and tell you where they are from. As each spells the name of his or her hometown, write it in the space provided and say it aloud.

CIUDAD DE ORIGEN

1. Ricardo Serrano y Montes   _____

2. Marisol Carmen Vargas Rojas   _____

3. Javier Enrique Prieto Grande _____

4. Rosa Costa Pandos   _____

5. Consuelo Rivero Robledo   _____

6. Antonio Carrillo Olivares   _____

Actividad 4   ¿Quién es de... ?

Using the information gathered in **Actividad 3**, tell who is from which city.

> MODELO: ¿Quién es de Guadalajara? → Ah, Ricardo Serrano y Montes.

1. ...   2. ...   3. ...   4. ...

PRESENTACIÓN A • MÁS SALUDOS°   *Greetings*

Actividad 5   ¿Tú o Ud.?

Listen to the following pairs of individuals greet one another. Are their greetings formal (**Ud.**) or informal (**tú**)? Indicate the form each speaker uses.

FIRST SPEAKER	SECOND SPEAKER
1. Ud. tú	Ud. tú
2. Ud. tú	Ud. tú
3. Ud. tú	Ud. tú
4. Ud. tú	Ud. tú

PRESENTACIÓN B • ¿CÓMO ESTÁ UD. HOY?

Actividad 6   Los saludos

Listen to Edgardo as he greets his friends: Ana, Pedro, Ramón, and Rita. Write the name of the friend he is greeting under the appropriate drawing.

1. _____

2. _____

3. _____

4. _____

Name_____ Date_____ Class_____

Actividad 7   Para ayudar a su profesora°   *To help your professor*

Imagine that you are helping your professor collect the phone numbers of her Spanish class. After you hear the item number, read the name that follows it. Listen for the confirmation, then ask that person for his or her phone number by saying **¿Tu número de teléfono?** Jot down the number you hear in the appropriate space. Remember: numbers can be somewhat difficult to catch. Don't expect too much of yourself, but listen carefully.

NÚMERO DE TELÉFONO

1.   Ricardo Serrano y Montes   _____

2.   Marisol Carmen Vargas Rojas   _____

3.   Javier Enrique Prieto Grande   _____

4.   Rosa Costa Pandos   _____

5.   Consuelo Rivero Robledo   _____

6.   Antonio Carrillo Olivares   _____

PRESENTACIÓN C • LOS NÚMEROS, LOS TELÉFONOS Y LAS DIRECCIONES°

addresses

Actividad 8   Una ocasión especial

Imagine that your friend Miguel has called to confirm some phone numbers before he makes a reservation for a special dinner. Look at the ads below, and after Miguel has read the number, respond by saying **correcto** or **incorrecto** and marking the appropriate box. Stop the tape while you read the ads.

Especialidades: JUDIONES DEL BARCO, CARNES DE ÁVILA, LOMOS DE MERLUZA CON ANGULAS Y ALMEJAS. **Precio medio:** 3.000 ptas. TC: V. Horario: 13.00-16 y 20.00-24.00 h. Cerrado sábados mañanas y domingo.
Cuesta de San Vicente, 2.
Tel. 541 79 51

Restaurante Peruano **La Llama**
SABROSOS PLATOS PERUANOS
Especialidades: PISCO SOUR, SEVICHE, AJI DE GALLINA, TAMALES, PAPAS RELLENAS. Horario: 13.30-16.00 h. y 20.30-24.00 h. Cerrado los lunes. TC: todas. Precio medio: 2.500 ptas.
San Leonardo, 3.
Tel. 542 08 89

Fundada en 1920
CASA DOMINGO
PLATOS TRADICIONALES Y COCINA MODERNA
SALONES PRIVADOS
Tarjetas: V. Cerrado domingos noches
Alcalá, 99. Reservas: 431 18 95-576 01 37

ábaco
Jovellanos, 6. 28014 MADRID
Tel. 420 11 64
ENSALADAS VARIADAS Y COPIOSAS. INSUPERABLE SOLOMILLO CON GRATEN DE PATATAS Y SALSA AL VINO. BROCHETAS DE PESCADO Y CARNE. INCOMPARABLES TARTAS CASERAS.

Restaurante **NIÁGARA**
Galileo, 12
Tel. 448 20 03
Especialidad: Cordero asado estilo Sepúlveda, churrasco tipo argentino, merluza a la vasca. TC: V, MC, 4B, DE. Cerrado domingos noche y lunes. Horario: 13.00 a 17.00 y 20.30 a 24.00

NOVAGALICIA
GRAN COCINA GALLEGA
Especialidad: pulpo a la gallega, merluza rellena, lubina, chuletón de buey gallego, filloas. Cerrado domingos noche. TC: todas. Precio medio: 2.500-3.500 ptas.
Conde Duque, 3. Tel. 248 55 24

	CORRECTO	INCORRECTO
Nova Galicia	☐	☐
Ábaco	☐	☐
La Llama	☐	☐
Restaurante Niágara	☐	☐

Actividad 9   Las direcciones son importantes también°   *also*

Now Miguel needs to confirm the addresses of two or three of the restaurants. Read the address when asked. Miguel will repeat it to confirm; check what he says against the address as you gave it.

PRESENTACIÓN D • ¿QUÉ ROPA LLEVA UD.?

Actividad 10   ¿Para quién es?°   *For whom is it?*

You will now hear a list of clothing items. For each, circle to indicate whether that item is usually worn by men (**hombres**), women (**mujeres**), or both (**ambos sexos**).

1. hombres   mujeres   ambos sexos   4. hombres   mujeres   ambos sexos

2. hombres   mujeres   ambos sexos   5. hombres   mujeres   ambos sexos

3. hombres   mujeres   ambos sexos   6. hombres   mujeres   ambos sexos

PRESENTACIÓN E • ¿CONOCE UD. LOS COLORES?

Actividad 11   Las fotos a color°   *Color photos*

Listen to Juan describe two photos in his album. Then, answer the questions by naming the color.

FOTOGRAFÍA A

1. ...   2. ...   3. ...   4. ...

FOTOGRAFÍA B

5. ...   6. ...   7. ...   8. ...

PRESENTACIÓN F • LOS DÍAS DE LA SEMANA

Actividad 12   Una semana muy ocupada°   *A busy week*

Carmen is a university student. Look carefully at her schedule. You should recognize the days of the week. Can you guess the meaning of the activities indicated? Many are cognates. Use your intuition to speculate about the meaning of the others. You will now be asked about her plans for the week. Answer questions 1–6 with **sí** or **no**. Answer questions 7–12 by giving the name(s) of the day(s). Then listen to confirm your answers. Stop the tape while you study the schedule.

	LUNES	MARTES	MIÉRCOLES	JUEVES	VIERNES	SÁBADO	DOMINGO
12:00	Historia Filosofía		Historia Filosofía	biblioteca		de compras con Mariana: compac disc	Papá y Mamá
6:00		Ir a la playa con Alicia. ¡Tomar el sol!		DENTISTA :-(	Sociología	suéter tenis ¿?	
	cine con Rodrigo	Papá y Mamá				↓	descanso

1. ...   2. ...   3. ...   4. ...   5. ...   6. ...   7. ...   8. ...   9. ...   10. ...   11. ...   12. ...

LECCIÓN EN CONTEXTO

Listen to the following radio ad for **Hipermercado**, a large, suburban-style department store that sells virtually anything. You are probably familiar with such stores, which sell everything from lawn fertilizer to computers, mountain bikes to lingerie. Every day this week **Hipermercado** has something different on sale (**algo en rebaja**).

A. Pause the tape. Look at the list below and try to pronounce these words so that you will know what to listen for. Then listen to the ad, jotting down the name for each day of the week these items will be on sale. They may not necessarily be mentioned in this order, and you will also hear other items mentioned, so listen only for the items listed here and don't worry about the others.

B. If you have time, play the ad again and jot down as many prices as you can catch. They are all given in units of a thousand **pesetas**; for example, **dos mil pesetas (Ptas. 2,000)** or **veinte mil pesetas (Ptas. 20,000)**.

	DÍA DE LA SEMANA	PRECIO ESPECIAL
pantalones	_____	_____
bolígrafos	_____	_____
suéteres	_____	_____
escritorios	_____	_____
botas y zapatos	_____	_____

C. If you have time, you might listen a third time to see how many adjectives you can catch. Adjectives like *huge* and *unbelieveable* occur frequently in radio ads, and some included in the **Hipermercado** ad are cognates.

CAPÍTULO 1

Así soy yo

DE ENTRADA

Before starting the tape, do Exercise A of the **De entrada.**

A. Here is some information about Mario Moreno y Guizar, the Mexican actor who created the character Cantinflas. Although Moreno died in 1993, his fame among Spanish-speakers, and movie buffs in general, will endure well into the next century. Look at the **biografía** to answer the questions on the following page.

```
┌─────────────────────────────────────────────────────────────┐
│                        BIOGRAFÍA                            │
│                                                             │
│   Apellidos:  ___Moreno y Guizar_____    │
│                                                             │
│   Nombre:  ___Mario_____   Apodo:  ___Cantinflas____   │
│                                                             │
│   Nacido en:  ___México_____   │
│                                                             │
│   Fecha:  ___12 de agosto de 1911___  Nacionalidad: __mexicano__│
│                                                             │
│   Residente de:  ___la Ciudad de México_____   │
│                                                             │
│   Profesión:  ___actor_____   │
│                                                             │
│   Características personales:                                │
│                                                             │
│       color del pelo:  ___negro_____   │
│                                                             │
│       color de los ojos:  ___negros_____    │
│                                                             │
│       estatura:  ___1.6 metros[1]_____    │
│                                                             │
│       aspecto exterior:  ___humilde, tímido, descuidado[a]__│
│                                                             │
│       personalidad:  ___cómico, ingenioso_____   │
│                                                             │
│       descripción:  ___el Charlie Chaplin de México_____   │
└─────────────────────────────────────────────────────────────┘
```
[a]*disheveled*

1. What do you think **apodo** means? _____
2. Where was Cantinflas born? _____
3. How old was Cantinflas when he died? _____
4. What color were his eyes? _____
5. What sort of a personality did he have? _____
6. With what other famous actor was Cantinflas compared? _____

B. Now listen to a brief radio announcement about a special honor (**homenaje**) paid Cantinflas after his death. What information found in his biography is mentioned in it? Put a check mark next to items you answered above or items in the biography itself that you hear mentioned in the announcement. What other expressions can you make out? Remember to listen for what you expect to hear and to be satisfied with being able to guess the meaning of some things but not others. Most importantly, relax.

PRONUNCIACIÓN

Las sílabas tónicas

You know that in order to pronounce Spanish words well and to use written accents correctly, you need to recognize the stressed (or the loudest) syllable. Remember the two norms:

1. Words that end in a vowel, **n**, or **s** are normally stressed on the next to the last syllable.
2. Words that end in any other consonant are normally stressed on the last syllable.

Any word whose pronunciation departs from these patterns carries a written accent on the stressed syllable.

---

[1]1 meter = 3.28 feet

Actividad 1   La sílaba tónica

Pause the tape and look at the final sound of each word below. Underline the syllable which would normally be stressed. When you have finished, play the tape.

ar-qui-tec-to   pe-re-zo-so   ac-triz

pre-si-den-te   den-tis-ta   mo-chi-la

es-pa-ñol   pro-fe-sor   fe-liz

Now listen to the words as they are pronounced. The stressed (or loudest) syllable should correspond to your underscoring or to the written accent mark.

Actividad 2   ¿Necesita acento escrito?

This list of words is given without any of the necessary accent marks. Listen as these words are pronounced and underline the stressed (or loudest) syllable.

del-ga-do   mu-si-co   fe-liz

me-di-co   Pe-ru   mu-jer

a-tle-ta   pro-fe-sion   nu-me-ro

Chi-le   sim-pa-ti-co   pan-ta-lo-nes

Now pause the tape. Using the norms, decide which, if any, of the words should have a written accent on the vowel of the stressed syllable. When you have done this, listen to the list again. The answers will be given. When you have finished, play the tape.

Los diptongos°   *Diphthongs*

Most syllables contain a single vowel. Some contain a diphthong, that is, two vowels which are pronounced as one. For example, the word **bien** contains a single syllable (**bien**) and **bueno** contains two (**bue-no**): **ie** and **ue** are diphthongs. In fact, they are the most common diphthongs in Spanish. Others are as follows.

ai: bai-lar   ui: rui-do   uo: cuo-ta   io: es-ta-dio

ei: vein-te   ua: cua-ren-ta   ia: pia-no

Pronounce the following words after you hear each item number, then listen to the correct pronunciation, and repeat or correct your pronunciation.

1. Co-lom-bia	5. Pa-ra-guay	9. as-tro-nau-ta	13. jue-ves
2. Puer-to Ri-co	6. Ve-ne-zue-la	10. ru-bio	14. puer-ta
3. Gua-te-ma-la	7. pro-fe-sión	11. gua-po	15. vie-jo
4. Bo-li-via	8. re-cep-ción	12. miér-co-les	16. sué-ter

PALABRAS EN CONTEXTO

In many of these activities, a correct answer might consist of a single word or a name, or just **sí/no.** If possible, however, respond with a complete sentence.

Presentación A • Algunas profesiones

Actividad 1   ¿Cómo se llama el/la tenista?°

What is the name of the tennis player?

Escuche las descripciones y escriba el nombre debajo del dibujo apropiado. ¡OJO! Hay más dibujos que descripciones. Escuche para verificar su respuesta. (*Listen to the descriptions and write the name beneath the appropriate drawing. Careful: there are more drawings than descriptions. Listen to verify your answer.*)

1. _____

2. _____

3. _____

4. _____

5. _____

6. _____

Actividad 2   ¿Cómo se llaman ellos?

Conteste las siguientes preguntas basándose en los dibujos de la actividad anterior. (*Answer the following questions, basing your answers on the drawings of the previous activity.*)

1. ...   2. ...   3. ...   4. ...   5. ...

Actividad 3   Algunos hispanos famosos

Escuche la pregunta y escoja la respuesta correcta de la lista. Si Ud. no sabe, diga **No sé** y repita la respuesta correcta después de escucharla. (*Listen to the question and choose the correct answer from the list. If you don't know, just say **No sé**, then repeat the correct answer after you listen to it.*)

MODELO: ¿Qué es Fidel Castro? → Fidel Castro es político.

1. ...   2. ...   3. ...   4. ...   5. ...   6. ...   7. ...   8. ...   9. ...   10. ...

cantante	ciclista	político/a	poeta
músico/a	actor/actriz	activista	programador(a)
tenista	pintor(a)	escritor(a)	médico/a

Presentación B • La apariencia física y la personalidad

Actividad 4 Pues, ¿quién es?°

Well, who is it?

Escriba en el espacio apropiado el nombre del individuo descrito. Si no capta el nombre, escriba el número. ¡OJO! Hay menos descripciones que hay individuos en el dibujo. (*Write the name of the individual described, or the number if you don't catch the name, in the appropriate space. Careful: There are fewer descriptions than there are individuals in the drawing.*)

a. _____ b. _____ c. _____ d. _____ e. _____ f. _____

Actividad 5 ¿Cómo son sus amigos?°

What are your friends like?

Use las indicaciones escritas para contestar la pregunta con una oración. Cuidado con la terminación de ciertos adjetivos: para hombres, **-o**; para mujeres, **-a**. (*Use the written indications to answer the question with a sentence. Be careful with certain adjectives: for men, -o; for women, -a.*)

MODELO: ¿Cómo es Rosalía? (bajo y enérgico) → Rosalía es baja y enérgica.

1. alto y delgado
2. viejo y generoso
3. pelirrojo y estudioso
4. joven y guapo
5. serio y simpático
6. alegre y trabajador

Actividad 6 Un descripción básica

Escuche las siguientes descripciones y escriba en los espacios en blanco los detalles mencionados. ¡OJO! Escriba toda la información posible. No se preocupe si sólo puede captar algunos detalles. (*Listen to the following descriptions and write the details mentioned in the blank spaces. Careful: Write as much information as you can. Don't worry if you catch only a few details.*)

	VÍCTOR Y MUÑOZ Y MONTALBÁN	CARLA Y GARCÍA Y VEGAS
profesión		
estatura		
pelo		
ojos		
características		

Presentación C • ¿De dónde es Ud.?

Actividad 7   Los compañeros de clase son de...

Escuche a Marta y Raúl mientras dicen de dónde son sus compañeros de clase hispanohablantes. Escriba la letra apropiada en el espacio en blanco. Al escuchar, trate de asociar los individuos con los nombres de los países. Lea con atención la información antes de escuchar. (*Listen to Marta and Raúl tell where the Spanish-speaking students in their class are from. Write the appropriate letter in the space. As you listen, concentrate on associating individuals with countries. Scan the information now, before listening.*)

LOS ESTUDIANTES

_____ Marta

_____ Miguel

_____ Margarita y Pedro

_____ Raúl y Dolores

_____ Ana María

_____ Elisondo

LOS PAÍSES

a. Bolivia

b. Chile

c. Colombia

d. México

e. Nicaragua

f. Panamá

Actividad 8   Los amigos de la Casa Internacional°

Friends from International House

Imagínese que Ud. vive en la Casa Internacional de la universidad. Conteste las preguntas que su amigo le hace sobre los otros residentes, según el modelo. (*Imagine that you are living at the International House. Answer your friend's questions about the other residents, according to the model.*)

MODELO: ¿De dónde es Margarita? (Margarita / Italia) → Margarita es de Italia.

1. Michelle / Francia
2. Helga / Alemania
3. Zaida / Brasil
4. Leonardo / España

5. Xóchitl / México
6. Monique / Canadá
7. Geoffrey / Inglaterra

> NOTA CULTURAL
>
> In many countries where Spanish is spoken, the language (**idioma, lengua**) is often referred to as **castellano** rather than **español**. **Castellano** refers to the dialect of the central region of Spain, Castile or Castilla. As the power of the kings of Castile (and León) grew and spread, so did their dialect.
>
> The expression **idioma** is as common as **lengua**. Instead of saying **habla la lengua** (*one speaks the language*), you might hear **domina el idioma** (*has a command of the language*).
>
> Although Spanish is the official language in most Latin American countries, indigenous languages are also spoken. In Mexico, **Maya** and **Zapotec**, among dozens of others, are spoken, and in Paraguay, more than half of the populace also speaks **Guaraní**. You should also keep in mind that Latin America has attracted immigrants from all over the world, and you can hear Chinese in Mexico, German in Uruguay, Polish and Italian in Argentina, and Japanese in Brazil.

Actividad 9   ¿Qué lengua habla probablemente?

Ahora, basándose en la información de la actividad anterior, conteste las preguntas según el modelo. (*Now, using the information from the preceding activity, answer the following questions according to the model.*)

>   MODELO: ¿Qué lengua habla Margarita? → Margarita habla italiano. Es de Italia.

1. ...   2. ...   3. ...   4. ...   5. ...   6. ...

ESTRUCTURAS EN CONTEXTO

1. Subject Pronouns • Forms and Use

Actividad 1   ¿Cómo es?

Conteste las siguientes preguntas afirmativamente, usando las indicaciones escritas. (*Answer the following questions affirmatively, using the written cues.*)

>   MODELO: Mariana es desagradable, ¿verdad? (Mariana) → Sí, ella es desagradable.

1. Susana y Oscar	4. Magda y Sancha	6. Vanesa y Ud.
2. Ud.	5. Cristóbal	7. Isabel
3. Inocencio y Ruy		

2. The verb **ser**

Actividad 2   ¿Cómo son sus amigos?

Conteste las preguntas en español. (*Answer the questions in Spanish.*)

>   MODELO: ¿Cómo son Ruy y Elio? (simpáticos) → Son simpáticos.

1. desagradable	4. inteligentes	7. antipático
2. tercas	5. simpáticos/simpáticas	8. sinceros
3. trabajador	6. perezosa	9. ¿ ?

3. Gender

Actividad 3   Descripciones breves°

Brief descriptions

Use los adjetivos dados para describir al individuo nombrado. (*Use the adjectives given to describe the individual named.*)

> MODELO: Señora Maldonado. ¿Cómo es la señora Maldonado? (alto, viejo, serio) →
> Es alta, vieja y seria.

1. viejo, simpático, perezoso
2. extrovertido, independiente, divertido
3. simpático, inteligente, trabajador
4. desagradable, antipático, serio
5. trabajador, divertido, simpático
6. alegre, divertido, joven

Actividad 4   Los signos del zodiaco°

Signs of the Zodiac

Conteste las preguntas de sus amigos con la información del diagrama. (*Answer your friends' questions with the information on the chart.*)

> MODELO: Mi signo es Virgo. ¿Cómo soy? → Eres intuitiva, original y humanitaria.

1. ...   2. ...   3. ...   4. ...   5. ...   6. ...   7. ...

PISCIS	independiente, feliz, escéptico
ARIES	tacaño, enérgico, pesimista
TAURO	progresivo, estudioso, diplomático, responsable
GÉMINIS	filosófico, introvertido, práctico
CÁNCER	ambicioso, trabajador, práctico
LEO	innovador, extrovertido, optimista
VIRGO	intuitivo, original, humanitaria
LIBRA	generoso, responsable, serio
ESCORPIÓN	artístico pero práctico, feliz, trabajador
SAGITARIO	práctico, trabajador, creativo, serio
CAPRICORNIO	idealista, humanitario, responsable, generoso
ACUARIO	práctico, terco pero simpático, generoso

4. Plural Formation

Actividad 5   ¿Quién° es de Chile?

Who

Conteste las preguntas, usando las indicaciones escritas. (*Answer the questions, using the written cues.*)

> MODELO: ¿Quién es de Chile? → Roberto y Ricardo. Son chilenos.

1. ...   2. ...   3. ...   4. ...   5. ...   6. ...   7. ...

ESTUDIANTES	PAÍSES	ESTUDIANTES	PAÍSES
Daniel y Mariana	Colombia	Xiomara y David	Nicaragua
Zaida y Ana	Cuba	Luisa y Jimena	Panamá
Roberto y Ricardo	Chile	Crecencio y Marcos	Venezuela
Berta y Luisa	Guatemala	Angela y Rosa	Perú

5. *Vista previa* • Asking Questions

Actividad 6   ¿Qué le preguntó?

Pare la cinta y lea cuidadosamente las siguientes preguntas. Escriba respuestas posibles. Después, escuche las preguntas y respuestas. Escriba el número del diálogo al lado de la pregunta apropiada. ¿Son correctas sus respuestas? (*Stop the tape and read the questions below. Write down possible answers to them. Then listen to the questions and the answers given. Write the number of the exchange next to the correct question. Are your answers correct?*)

_____ ¿Cuál es su profesión?　_____

_____ ¿Cómo es ella?　_____

_____ ¿De dónde es Ud.?　_____

_____ ¿Cómo se llama Ud.?　_____

_____ ¿De qué color son sus ojos?　_____

_____ ¿Cómo está Ud.?　_____

_____ ¿Cuál es su nombre?　_____

LECCIÓN EN CONTEXTO

Actividad 1   Tres personas famosas

A. Conteste las siguientes preguntas, basándose en los datos del cuadro. (*Answer the following questions, based on the information in the chart.*)

> MODELO: ¿Cuál es la profesión de Fidel Castro? → Es presidente de Cuba.

1. ...   2. ...   3. ...   4. ...   5. ...   6. ...

	FIDEL CASTRO	JUAN CARLOS I	VIOLETA CHAMORRO
profesión	presidenta	rey	presidente
nacionalidad	cubano	español	nicaragüense
personalidad	idealista egocéntrico trabajador determinado	idealista diplomático cuidadoso inteligente	práctica enérgica paciente flexible

B. Ahora, basándose en los mismos datos, describa a cada individuo. (*Now describe each individual based on the same information.*)

> MODELO: ¿Cómo es Fidel Castro? Fidel Castro es el presidente de Cuba. Es idealista y egocéntrico. Es también trabajador y determinado.

Actividad 2 Preguntas personales°

Personal questions

Para esta actividad, no hay respuestas exactas: Ud. puede contestar las siguientes preguntas con información personal. (*For this activity, there are no specific answers: you can answer the following questions with personal information.*)

> MODELO: ¿Cómo es Ud.? → Soy idealista y responsable.

1. ... 2. ... 3. ... 4. ... 5. ... 6. ...

CAPÍTULO 2

La vida universitaria

DE ENTRADA

Before starting the tape, do Exercise A of the **De entrada.**

A. Look at this advertisement which was published in *El Tiempo*, a daily newspaper of Bogotá. How similar is it to ads published in U.S. newspapers?

1. Which cognates can you find? _____

   _____

2. What do the measurements 90 x 1.90 and 1.20 x 56 refer to? _____

   _____

3. What does **súper ofertas** mean? _____

4. The **escritorio «compubima»** has **2 tapas**; the **escritorio «Memphis»** has a **tapa de vidrio.** Can you guess the meaning of **tapa?** _____

5. What do you think the phrases **Las ofertas se limitan a existencias** and **Los precios fuera de Bogotá se incrementan por transporte** mean? What are the equivalent phrases in English?

_____

_____

B. Listen to a Bima radio advertisement. Which of the above items in the printed ad also occur in the radio ad? Check those you hear. In the radio ad, do the items cost more, less, or the same? If you catch that information, check the appropriate box.

	COSTS MORE	COSTS LESS	COSTS THE SAME
_____ cama «Palmeto»	☐	☐	☐
_____ escritorio «Memphis»	☐	☐	☐
_____ escritorio «Compubima»	☐	☐	☐
_____ camarote «Manhattan»	☐	☐	☐

PRONUNCIACIÓN

El alfabeto

Actividad 1   ¿Cómo se escribe?

Imagine that Roberto Miramontes is giving you the names of his friends' dormitories. Jot them down as he gives them.

RESIDENCIA

Pepe Nevada   _____

Raimundo Núñez   _____

Concha Velázquez y Natalia Pujol   _____

Pedro Martín y yo (Roberto)   _____

Las sílabas tónicas

You will recall that in order to pronounce Spanish words well and to use written accents correctly, you need to recognize the stressed (or the loudest) syllable. Remember the two norms.

1. Words that end in a vowel, **n**, or **s** are normally stressed on the next to the last syllable.
2. Words that end in any other consonant are normally stressed on the last syllable.

Any word whose pronunciation departs from these two patterns carries a written accent on the stressed syllable.

Now look at the final sound or letter of each of the words below. Underline the syllable in each word that would normally be stressed. When you have finished, listen as the words are pronounced and repeat them. Is the stressed (or loudest) syllable the one you have underscored?

bi-blio-te-ca	te-le-vi-sor	car-tel	es-pa-ñol
e-di-fi-cio	pa-red	es-cri-bir	

Now, look at the following list of words, each of which has a written accent. Listen as they are pronounced and repeat each word: the vowel with the accent is in the stressed (or loudest) syllable.

lám-pa-ra	te-lé-fo-no	ví-de-o	Mé-xi-co
ca-fé	au-to-bús	de-trás	

Los diptongos

In addition to the five simple vowel sounds (a, e, i, o, and u), Spanish has several diphthongs. They are formed by combining either i or u with another vowel. Common Spanish diphthongs are listed below. Listen as the diphthongs and the words next to them are pronounced. Repeat.

ai bai-lo	eu Eu-ro-pa	io pro-fe-sio-nal	ue nue-ve
ei vein-te	ia bo-li-via-no	iu ciu-dad	ui cui-da-do
oi es-toy	ie sie-te	ua Gua-te-ma-la	uo cuo-ta
au as-tro-nau-ta			

Each of these diphthongs contains either i or u. Vowel combinations that do not contain i or u are not diphthongs, and the vowels are pronounced in two syllables rather than one. Listen to the following words and repeat.

i-de-a	ta-re-a	co-rre-o	te-a-tro

When vowel combinations that are usually pronounced as diphthongs are pronounced separately in different syllables, the stressed vowel has a written accent. Look at the following words, and listen as they are pronounced. Repeat.

Ra-úl	Ma-rí-a	frí-o	dí-a

Actividad 2 ¿Es diptongo o no?

Escuche las siguientes palabras e indique si las vocales en secuencia se pronuncian como diptongo o como dos sílabas. (*Listen to the following words and indicate whether the vowels in sequence are pronounced as a diphthong or as two syllables.*)

	DIPTONGO	DOS SÍLABAS			DIPTONGO	DOS SÍLABAS
1. aire	☐	☐	6. tarea	☐	☐
2. tiene	☐	☐	7. guapo	☐	☐
3. aula	☐	☐	8. gracias	☐	☐
4. nuevo	☐	☐	9. muy	☐	☐
5. Raúl	☐	☐	10. luego	☐	☐

PALABRAS EN CONTEXTO

Presentación A • En la universidad

Actividad 1 Para el dormitorio de Clarisa°

For Clarisa's room

Imagínese que va a ir de compras con Clarisa. Mientras ella charla de las cosas que necesita para su dormitorio, apúntelas. Sólo es necesario escribir el nombre de la cosa que va a comprar. (*Imagine that you are going shopping with Clarisa. While she is chatting about what she needs for her room, make a list of the things she mentions. It is only necessary to write the name of the item she intends to purchase.*)

_____

_____

_____

_____

_____

_____

_____

_____

Actividad 2 El dormitorio de Aurelio

el dormitorio de Aurelio

Name_____ Date_____ Class_____

Escuche a Severino mientras describe el dormitorio de Aurelio. ¿Es cierto o falso lo que dice? (*Listen to Severino describe Aurelio's room. Are his statements are true or false?*)

CIERTO FALSO

1. ☐ ☐
2. ☐ ☐
3. ☐ ☐
4. ☐ ☐
5. ☐ ☐
6. ☐ ☐

Presentación B • ¿Qué le/les gusta hacer?

Actividad 3 **¿Qué les gusta a ellos?°** *What do they like?*

Conteste las siguientes preguntas afirmativa o negativamente, basándose en los dibujos. (*Answer the following questions affirmatively or negatively, basing your answers on the drawings.*)

MODELO: ¿Le gusta a Margarita trabajar? →
Sí, a Margarita le gusta trabajar.

1.

2.

3.

4.

5.

6.

Actividad 4 ¿Qué aspectos de la universidad le gustan?

Escuche mientras Ricardo, Natalia y Cristóbal comentan, según sus experiencias, los siguientes aspectos de la universidad. Si el comentario es positivo, escriba **sí**; si es negativo, escriba **no**. Si cree Ud. que el comentario es ambiguo, escriba ¿   ?; si el estudiante no conoce el aspecto mencionado, escriba **X**. (*Listen while Ricardo, Natalia, and Cristóbal comment, according to their experience, on the following aspects of the university. If the comment is positive, write **sí**; if it is negative, write **no**. If you think the comment is ambiguous, write ¿   ?; if the student is unfamiliar with the aspect mentioned, write **X**.*)

	RICARDO	NATALIA	CRISTÓBAL
la residencia			
la comida de la cafetería			
el dormitorio			
el compañero / la compañera			
el gimnasio			
la biblioteca			
la ciudad universitaria			
el museo universitario			
la clase de inglés			
el laboratorio de lenguas			

Presentación C • Algunas bebidas y comidas

Actividad 5 ¡Pero como muy bien!°   *But I eat very well!*

Escuche mientras José y Paco le dicen lo que generalmente comen y beben. Indique las comidas y bebidas que mencionan. Lea la lista con atención antes de escuchar. (*Listen as José and Paco tell you what they usually eat and drink. Check off the foods and beverages they mention. Study the list before you listen.*)

JOSÉ		PACO	JOSÉ		PACO
☐	cereal	☐	☐	ensalada	☐
☐	café	☐	☐	refresco	☐
☐	jugo de naranja	☐	☐	leche	☐
☐	sopa	☐	☐	cerveza	☐
☐	sándwich	☐	☐	fruta	☐
☐	pizza	☐	☐	yogur	☐
☐	pollo frito	☐	☐	dulces	☐
☐	hamburguesa	☐	☐	helado	☐
☐	papas fritas	☐			

Actividad 6   ¿Quién come más y mejor?°   *Who eats more and better?*

Basándose en la información obtenida en la actividad anterior, conteste las siguientes preguntas referentes a las dietas de José y Paco. (*Using the information gathered in the previous activity, answer the following questions about José and Paco's diets.*)

MODELO: ¿ Le gusta a Paco la fruta? → No. No le gusta la fruta.

1. ...   2. ...   3. ...   4. ...   5. ...   6. ...

ESTRUCTURAS EN CONTEXTO

6. Infinitives and the Present Tense

Actividad 1   Un día típico con Beto

Escuche las oraciones que describen las actividades cotidianas de Beto. Ponga el número de la oración en el círculo del dibujo apropiado. Mire los dibujos con atención antes de escuchar. (*Listen to the sentences that describe Beto's daily activities. Put the number of the sentence in the circle of the appropriate drawing. Study the drawings before listening.*)

Actividad 2   ¿Quién lo hace?

Conteste las preguntas basándose en las indicaciones, según el modelo. (*Using the cues, answer the questions according to the model.*)

> MODELO: ¿Quién toca la guitarra? (Enrique / yo) →
> Enrique toca la guitarra. Yo toco la guitarra también.

1. Martín y Ángela / Ana
2. Gregorio y Luis / Anselmo
3. Miguel y Arantxa / nosotros

4. Dora / Paco
5. nosotros / Juana
6. Lupe, Laura y Magda / mis amigos

7. The Verb **estar**

Actividad 3   ¿Quién está allí?

Conteste las preguntas basándose en las indicaciones escritas, según el modelo. (*Using the cues, answer the questions according to the model.*)

> MODELO: ¿Quién está en la cafetería? (Horacio) → Horacio está en la cafetería.

1. Laura
2. Marcos y Matilde
3. los profesores
4. todos los estudiantes

5. la princesa Diana y el príncipe Carlos
6. Carlos Fuentes
7. Tom Cruise
8. Bill y Hillary

Actividad 4   ¿Cómo son mis amigos?   9/10/98

Escuche las descripciones y escriba el nombre de la persona mencionada debajo del dibujo apropiado. (*Listen to the descriptions and write the name of the person mentioned below the correct picture.*)

1. _Sava_

2. _Laura_

3. _Luisa_

4. _Carlos_

5. _Pablo_

6. _Enrique_

8. Yes/No Questions and Question Tags

Actividad 5   A ciegas: La rutina de algunos estudiantes

A. Find out about the routines of the following students. Ask yes/no questions in the indicated numbered order. Your question will first be confirmed, and then answered. Fill in the missing information as you hear it. When you have finished, you will be asked to give information also.

> MODELO: 1. ¿Come Nora comida vegetariana? → ¿Cóme Nora comida vegetariana?
>   No. Nora no come comida vegetariana

	BERNARDO	ANDRÉS	NORA
comer comida vegetariana	no	sí	1. _no_
correr	no	2. _____	sí
tomar café	sí	3. _____	4. _____
fumar	no	5. _____	6. _____
escuchar música a todo volumen	7. _____	sí	sí
mirar televisión	8. _____	sí	no

2. ...   3. ...   4. ...   5. ...   6. ...   7. ...   8. ...

B. Ahora, use la información en el cuadro para contestar las siguientes preguntas, según el modelo. (*Now use the information in the chart to answer the following questions, according to the model.*)

> MODELO: ¿Corre Andrés? → Sí. Andrés corre.

1. ...   2. ...   3. ...   4. ...   5. ...   6. ...

9. Talking About Activities in Progress and in the Future

Actividad 6   ¿Quién lo hace?

Escuche las oraciones y escriba el nombre de la persona mencionada debajo del dibujo apropiado. (*Listen to the sentences and write beneath the appropriate drawing the name of the person mentioned.*)

> MODELO: Ana y Juan escuchan al profesor. → Dibujo número 3, Ana y Juan.

1. _____   2. _____   3. _____

4. _____   5. _____   6. _____

7. _____   8. _____

Actividad 7   ¿Qué hacen Ud. y otras personas hoy?

Conteste las siguientes preguntas, basándose en las indicaciones dadas. (*Answer the following questions using the information given.*)

> MODELO: ¿Qué hace Ud. hoy? (asistir a clase) → Asisto a clase.

1. mirar la televisión
2. escribir cartas
3. hablar con los amigos
4. ir de compras
5. escuchar la radio
6. tocar la guitarra y cantar
7. ir al cine
8. trabajar en la cafetería

LECCIÓN EN CONTEXTO

Actividad 1   ¡A Rita le gustan los descuentos!

Stop the tape. You're going to hear a radio announcement about a sale at a large department store. Before you begin to listen, consider how the information might be communicated. For example, will sale items be listed individually, at random, or by department? Will the discount be mentioned in terms of a percentage or a price range? Now, look at the list below: you'll be listening for these items specifically. Given that this is an ad for a large department store, what other kinds of items might be mentioned? If you give some thought to what you are likely to hear, you'll be able to listen more effectively.

A. Escuche el siguiente anuncio de Galerías, un almacén muy grande. ¿Cuáles de las cosas que tiene en la lista puede comprar Rita en Galerías? Lea la lista antes de comenzar. (*Listen to the following ad for Galerías, a large department store. Which of the items on her shopping list can Rita buy at Galerías? Study the list before you begin.*)

COSAS		DESCUENTOS
_____	plantas	_____
_____	alfombra	_____
_____	lámpara	_____
_____	impresora	_____
_____	refrigerador	_____
_____	yogur	_____
_____	agua mineral	_____
_____	chocolate	_____

B. Dé marcha hacia atrás a la cinta y escuche el anuncio otra vez. ¿Qué descuento se ofrece para cada cosa o en el departamento en que ese artículo se vende? Apunte todos los descuentos que pueda. (*Rewind the tape and listen to the ad again. What sort of discount is offered on each item or in the deparment where it is sold? Jot down all of the discounts you can.*)

Actividad 2 Preguntas personales

Conteste las siguientes preguntas con información personal. (*Answer the following questions with personal information.*)

> MODELO: ¿Vive Ud. en una residencia? → Sí, vivo en la Residencia Holden.

1. ...   2. ...   3. ...   4. ...   5. ...   6. ...   7. ...   8. ...

CAPÍTULO **3**

La rutina cotidiana y los fines de semana

DE ENTRADA

Before starting the tape, do Exercise A of the **De entrada.**

A. This graphic is from *El Tiempo*, a newspaper published in Bogotá. These symbols are used, along with stars to classify and rate movies.

La clasificación de las películas se establece de la siguiente manera: ★★★★ EXCELENTE   ★★★ BUENA ★★ REGULAR
★ MALA   NINGUNA: NO RECOMENDABLE.

A ACCION   **☺** COMEDIA   **★** POLICIACA

AVENTURAS   **DOCUMENTAL**   **ANIMADOS**

BELICA   **DRAMA**   **SUSPENSO**

FICCION   **♫** MUSICAL   **TERROR**

X PORNOGRAFIA   **Coordinador:** Mauricio Silva Guzmán

1. Which of the terms used are cognates? _____
   _____

2. What are your four favorite types of movies? Use the Spanish terms to describe them.
   _____
   _____

3. Who are your favorite actors? What Spanish terms would best describe their latest films?
   _____
   _____

B. Listen to the following radio announcement of movies being shown at a large local theater. Most of them are American films that have been dubbed for Spanish-speaking audiences, and some of the titles mentioned are in Spanish, others in English. Check the titles off as you hear them. Before you begin, look at the list and try to imagine possible Spanish translations.

- ☐ *Fried Green Tomatoes*
- ☐ *Cape Fear*
- ☐ *My Own Private Idaho*
- ☐ *The Terminator*
- ☐ *Grand Canyon*

- ☐ *Barton Fink*
- ☐ *Silence of the Lambs*
- ☐ *Mambo Kings*
- ☐ *Batman Returns*

PRONUNCIACIÓN

La entonación de preguntas°

Question intonation

Yes/no questions are generally characterized by (1) the inversion of subject and verb and (2) a rising intonation. Information questions usually have (1) an interrogative word (**¿Qué... ? ¿Cuándo... ?**) and (2) a falling intonation. Listen to and practice the following models.

Yes/no question:	¿Estudia usted en la biblioteca?
Information question:	¿Dónde estudian ustedes?

Yes/no question: ¿Estudia usted en la biblioteca? / ¿Estudia usted en la biblioteca?

Information question: ¿Dónde estudian ustedes? / ¿Dónde estudian ustedes?

Actividad 1 ¿Información o afirmación?

¿Son las siguientes preguntas del tipo «sí o no» o el tipo «información»? Después de clasificarlas, escúchelas y repítalas. La respuesta correcta se da después. (*Are the following questions the "yes/no" type or the "information" type? After classifying them, listen to how they are pronounced and repeat. The correct answer is given afterward.*)

SÍ O NO INFORMACIÓN

_____	_____	¿Cómo se llaman ustedes?
_____	_____	¿De dónde son ustedes?
_____	_____	¿Es usted estudiante?
_____	_____	¿Vive usted en una residencia moderna?
_____	_____	¿Le gusta su dormitorio?
_____	_____	¿Qué hace usted los fines de semana?
_____	_____	¿Cuál es su deporte favorito?
_____	_____	¿Corres los sábados?

Actividad 2   ¿Qué dijo? Repita, por favor.

Imagínese que Ud. no ha podido percibir la primera parte de las siguientes preguntas. A base de lo que Ud. oye, ¿son preguntas del tipo «sí o no» o del tipo «información»? Preste atención a la entonación. (*Imagine that you haven't been able to hear the first part of the following questions. Based on what you hear, are they yes/no or information questions? Pay attention to the intonation.*)

	SÍ O NO	INFORMACIÓN
1.	☐	☐
2.	☐	☐
3.	☐	☐
4.	☐	☐
5.	☐	☐

PALABRAS EN CONTEXTO

Presentación A • La rutina cotidiana

Actividad 1   Mi rutina matinal

Escuche lo que dicen Rosana y Consuelo sobre su rutina matinal. Ordene las actividades que cada una hace como parte de su rutina. Antes de comenzar, lea la lista. (*Listen to what Rosana and Consuelo say about their morning routines. Order the activities that make up their routine. Before beginning, read the list.*)

ROSANA		CONSUELO . . .
_1_	levantarse	1
___	bañarse/ducharse	2/3
___	peinarse	3
_4_	ponerse la ropa	4
_2_	tomar café/té	1/6
_4_	desayunar	10
_3_	leer el periódico	7
_5_	salir	5

se levanta primero. Entonces se baña/ducha después y peina. Luego se pone la ropa y sale universidad. Después de la clase toma cafe. Finalmente lee el periódico. No desayuna

No se on le

Actividad 2 Productos necesarios

Mire los dibujos y conteste las preguntas según el modelo.

> MODELO: ¿Cuándo usa Ud. el cepillo y la pasta de dientes? → Cuando me cepillo los dientes.
> ¿Cuándo usa Ud. el jabón? → Cuando me lavo o cuando me baño.

el jabón

la pasta de dientes

el cepillo de dientes

el champú

la crema de afeitar

un espejo

un peine

una toalla

un reloj despertador

ducharse
bañarse
lavarse (el pelo)
secarse (*to dry oneself*)
ponerse la ropa

afeitarse (las piernas o la barba)
levantarse
cepillarse (los dientes)
peinarse (*to comb one's hair*)
mirarse

1. ... 2. ... 3. ... 4. ... 5. ... 6. ...

Presentación B • Un horario

NOTA CULTURAL

The dubbing of movies and television shows is a big business in countries where Spanish is spoken. And when the dubbing actors (**actores de doblaje**) go on strike, television schedules have to be quickly changed! In 1993, a strike by dubbing actors paralyzed more than thirty series, among which were "Melrose Place" and «Sensación de vivir» ("Beverly Hills 90210"). Can you guess why foreign films in North America are shown with subtitles, while North American films shown in Spanish-speaking countries are dubbed into Spanish?

Actividad 3   Mario Cortés: ¡adicto a la televisión!

Escuche mientras Mario Cortés describe sus programas favoritos. Según las descripciones de Mario, indique qué tipo de programas son. ¡OJO! hay más «tipos» que programas, y puede haber dos programas del mismo tipo. Antes de escuchar, lea con atención la lista de los tipos de programas, especialmente en los títulos de los favoritos de Mario. (*Listen while Mario Cortés describes his favorite programs. According to Mario's descriptions, indicate what kind of program they are. Careful: there are more "types" than programs, and there may be two programs of the same type. Before listening, study the list of types of programs, especially the titles of Mario's favorites.*)

a.   documental <u>histórico</u>
b.   documental <u>cultural</u>
c.   telenovela _~soap operas_
d.   programa de deportes (*sports*)

e.   programa científico _science_
f.   programa religioso
g.   reportaje o noticias _news_

LOS PROGRAMAS FAVORITOS DE MARIO	TIPO	HORA
1. «La selva y el desierto»	*be*	12 pm
2. «Siempre enamorado»	*c*	3 pm
3. «Noticiero»	*9*	1:30 pm
4. «Ciclísimo»	*e*	✗
5. «La fe y la felicidad»	*df*	7:00 pm

Actividad 4   ¡Mira todo el día!

Dé marcha hacia atrás a la cinta y escuche a Mario otra vez para confirmar las respuestas y para anotar la hora de cada programa. Trate de captar la hora de al menos dos de los programas. (*Rewind the tape and listen again to confirm your answers and to note the time of each program. Try to get the time for at least two of the programs.*)

Actividad 5   El horario de Federico Santiago Luces

Escuche mientras María Miramontes le hace preguntas a Federico Santiago sobre su horario. Apunte en el horario lo que dice Federico. (*Listen while María Miramontes asks Federico Santiago about his schedule. Jot down what Federico says on the schedule.*)

	LUNES	MARTES	MIÉRCOLES	JUEVES	VIERNES	SÁBADO	DOMINGO
mañana							
tarde							
noche							

Actividad 6   La rutina de Juan

Pare la cinta y lea con atención el horario de Juan. Luego conteste las preguntas. (*Stop the tape and study Juan's schedule. Then answer the questions.*)

MODELO: ¿A qué hora se levanta Juan? → Juan se levanta a las ocho y media de la mañana.

	8:30	levantarme
	9:00 – 2:00	clases
	2:00	almuerzo/cafetería con Félix
	3:00 – 7:00	trabajar en la librería
	7:30	cenar con Tito y Paco
	9:00 – 12:30	biblioteca

1. ...   2. ...   3. ...   4. ...   5. ...   6. ...   7. ...   8. ...

Presentación C • ¿Qué hacen estas personas los fines de semana?

Actividad 7   Actividades de algunas personas famosas

Escuche las siguientes descripciones y escriba el nombre del individuo debajo del dibujo apropiado. (*Listen to the following descriptions and write the name of the individual below the appropriate drawing.*)

MODELO: A Boris Spasky le gusta jugar al ajedrez. → Boris Spasky, Dibujo número 3.

1. _____   2. _____   3. _Boris Spasky_

4. _____   5. _____   6. _____

Actividad 8   ¿Qué les gusta hacer?

Basándose en los dibujos de la actividad anterior, conteste las siguientes preguntas. (*Using the drawings from the previous activity, answer the following questions.*)

MODELO: A Boris Spasky, ¿qué le gusta hacer? → Le gusta jugar al ajedrez.

1. ...   2. ...   3. ...   4. ...   5. ...

Actividad 9   ¿Qué hacen sus amigos los fines de semana?

Mire los dibujos con atención y conteste las preguntas según el modelo. (*Look at the drawings carefully and answer the questions according to the model.*)

MODELO: ¿Qué hacen Jorge y Mateo? → Jorge y Mateo acampan en el bosque.

1. Jorge y Mateo   2. Chico   3. Blanca y Tonio

4. los señores Montalbán   5. Daniel   6. Mauricio

7. Mamá   8. Emilio

ESTRUCTURAS EN CONTEXTO

10. Telling When an Activity Takes Place

Actividad 1   ¡Atención, radioescuchas!

Escuche el siguiente anuncio sobre algunos programas de radio. Escriba las horas en los espacios en blanco. (*Listen to the following announcement about some radio programs. Write their hours in the blank spaces.*)

1 «El primero de la mañana», con Antonia Heredia   *10:10 am 7:10am*

2 «Protagonistas», con el doctor Lorenzo del Roble   *10:30pm*

3. «Viva la gente de la tarde», con Miguel Ramos Juárez   *1:30pm*

4. «Un día en España», con Alberto Rincón Sandino   *7:30pm & 11:30pm*

6. «Vida nocturna», con Miguel Antonio Ramírez   *11:15 pm —*

Actividad 2   La vida muy perfecta de Perfección de la Madrid

Escuche la rutina de Perfección de la Madrid y escriba lo que hace en la hora apropiada. (*Listen to the routine of Perfección de la Madrid and write what she does at the appropriate time.*)

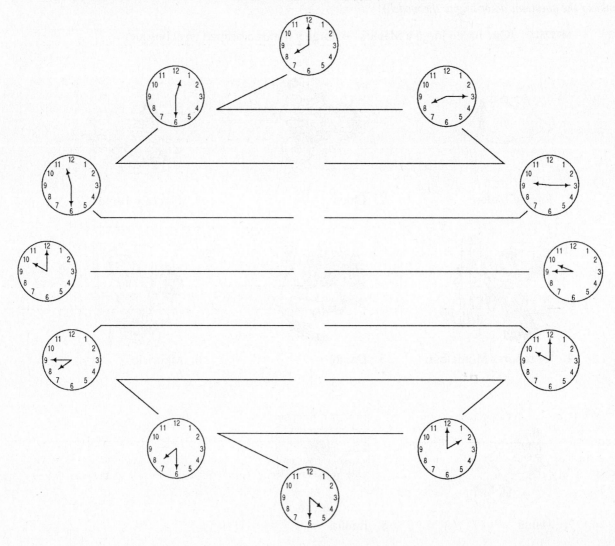

Actividad 3   Los horarios de María y Bernardo

Escuche las preguntas sobre los horarios de María y Bernardo. Use las indicaciones dadas para contestarlas. (*Listen to the questions about María and Bernardo's schedules. Use the cues given to answer them.*)

> MODELO: ¿A qué hora desayuna María? (7:30) →
> María desayuna a las siete y media de la mañana

1. 6:00	3. 8:15	5. 2:00	7. 4:10–8:00
2. 8:00	4. 10:00–1:15	6. 2:30	8. 8:30

11. *Repaso y expansión* • More on Questions

Actividad 4   Una encuesta

Imagínese que Ud. tiene que pedirle a un desconocido toda la información que aparece en este formulario. ¿Qué preguntas debe Ud. hacer? (*Imagine that you have to ask a stranger for all of the information on this form. What questions should you ask?*)

> MODELO: 1. Apellido: → ¿Cuál es su apellido?

1. Apellido:	_____
2. Nombre:	_____
3. Ojos:	_____
4. Pelo:	_____
5. Profesión:	_____
6. Nacionalidad:	_____
7. Edad:	_____
8. Número de su tarjeta de identidad:	_____

12. Negation with **no** and **nunca**

Actividad 5   La rutina de Ángela

Escuche lo que dice Ángela e indique lo que ella hace por lo general, lo que hace a veces y lo que nunca hace. Antes de comenzar, lea con atención las actividades de la lista y piense en la frecuencia con la cual se hacen. (*Listen and indicate what Angela does usually, what she does sometimes, and what she never does. Before beginning, study the activities on the list and consider how often one might do them.*)

	POR LO GENERAL	A VECES	NUNCA
levantarse temprano	☐	☐	☐
desayunar antes de las 8:00	☐	☐	☐
pasar la aspiradora (*to vacuum*)	☐	☐	☐
ir a la universidad antes de las 10:00	☐	☐	☐
asistir a las clases	☐	☐	☐
almorzar con los amigos	☐	☐	☐
estudiar en la biblioteca	☐	☐	☐
charlar con los compañeros de clase	☐	☐	☐
hablar con los profesores en la oficina de ellos	☐	☐	☐
preparar la cena	☐	☐	☐
jugar con los primos	☐	☐	☐
lavar los platos	☐	☐	☐
estudiar después de la cena	☐	☐	☐
acostarse temprano	☐	☐	☐

Actividad 6   ¿Qué hace Ángela?

Conteste las preguntas sobre lo que Ángela hace a veces o nunca, basándose en la información de la actividad anterior. (*Answer the questions about what Angela does sometimes or never, using the information in the previous activity.*)

> MODELO: ¿Con qué frecuencia puede Ángela acostarse temprano? →
> Nunca puede acostarse temprano.

1. ...   2. ...   3. ...   4. ...   5. ...

13. Reflexive Verbs • Part 1

Actividad 7   ¡Sí! ¡Cómo no!

A. Conteste las siguientes preguntas afirmativamente, según el modelo. (*Answer the following questions afirmatively, according to the model.*)

> MODELO: ¿Se levanta Ud. temprano? → Sí, me levanto temprano.

1. ...   2. ...   3. ...   4. ...   5. ...

Actividad 8   ¿Yo? ¡Nunca!

Ahora, conteste las mismas preguntas negativamente, según el modelo. (*Now answer the same questions negatively, according to the model.*)

> MODELO: ¿Se levanta Ud. temprano? → No. Nunca me levanto temprano.

1. ...   2. ...   3. ...   4. ...   5. ...

LECCIÓN EN CONTEXTO

Actividad 1   Los domingos en Madrid

A. Escuche lo que dice Sancho Ribera Martín sobre lo que a él le gusta hacer (y lo que les gusta a los madrileños en general) los domingos en Madrid. Antes de comenzar, considere qué actividades de la siguiente lista Sancho puede mencionar. Luego escuche e indique las actividades mencionadas. (*Listen to what Sancho Ribera Martín says about what he likes to do—and what residents of Madrid like to do—on Sundays. Before beginning, think about which of the activities on the following list he might mention. Then listen and indicate the activities mentioned.*)

☐ ir a la playa	☐ visitar a los parientes (*relatives*)
☐ ir a la iglesia	☐ visitar un museo
☐ ir a la universidad	☐ pasear por el parque
☐ ir de compras	☐ estudiar en la biblioteca
☐ ir a una discoteca	☐ jugar al béisbol
☐ ir a los toros	☐ trabajar
☐ almorzar en un restaurante	☐ tomar la siesta

B. Ahora, dé marcha hacia atrás a la cinta y escuche otra vez. Apunte lo que hace Sancho. Algunas de las actividades mencionadas no figuran en la lista encima. (*Now, rewind the tape and listen again and jot down what Sancho does. Some of the activities mentioned are not on the list above.*)

ACTIVIDAD	HORA
_____	_____
_____	_____
_____	_____
_____	_____
_____	_____
_____	_____

C. Dé marcha hacia atrás a la cinta y escuche una tercera vez. Escriba todas las horas que puede captar. (*Listen a third time and write down the times you can catch.*)

Actividad 2   Preguntas personales

Conteste las siguientes preguntas con información personal. (*Answer the following questions with personal information.*)

> MODELO: ¿A qué hora se levanta Ud.? → Me levanto a las siete.
> *o* Me levanto a eso de las nueve.

1. ...   2. ...   3. ...   4. ...   5. ...   6. ...   7. ...   8. ...   9. ...   10. ...

CAPÍTULO **4**

Así es mi familia

DE ENTRADA

Before starting the tape, do Exercise A of the **De entrada.**

A. You saw brief newspaper clippings like this one in the textbook. Stop the tape while you read it.

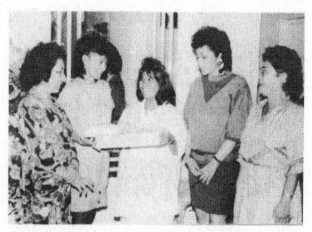

REGALOS PARA BEBE. Por la próxima visita de la cigüeña, doña Ana Celina Mena de Klee fue agasajada con un té y regalos para bebé, ofrecido por un grupo de amigas. De izquierda a derecha: doña Rosa Cándida de Molina, señorita Susana Klee, señora Mena de Klee, señorita Lila Vega y doña Elisa de Klee.

1. What is the event? _____

2. Which, if any, relatives are present? _____

3. What took place? _____

B. You will hear a brief radio broadcast of two birth announcements, for baby boys Pedro Juan and Juan. The names listed below are mentioned in the announcements. Who might they be? Listen and check to indicate the child with whom they are associated. Before you begin, study the names, pronouncing them aloud.

PEDRO JUAN	JUAN		MADRE	PADRE
☐	☐	Teresa Orozco	☐	☐
☐	☐	Fernando Pizarro	☐	☐
☐	☐	Juan Pedro Quiñonero	☐	☐
☐	☐	Carmen Sánchez	☐	☐
☐	☐	Juan Antonio Pizarro	☐	☐
☐	☐	Javier y Mari Luz Quiñonero	☐	☐
☐	☐	María Teresa Lozano	☐	☐

Listen a second time to confirm your responses and to check the names of the individuals you think are the babies' parents.

PRONUNCIACIÓN

Enlace°

Linking

You may have noticed that in Spanish when a word ends with the same sound that begins the next word, the two sounds are usually pronounced as one. This linking of sounds across word boundaries, characteristic of Spanish, constitutes one of the basic differences between English and Spanish. So, to have a more authentic accent, in addition to pronouncing individual sounds correctly, you should give some thought to pronouncing sequences of words the way native speakers do. Your understanding of linking will also help you understand native speakers better. Listen to the following sequences:

la abuela	cuatro horas	con Nuria
de Emilio	su uso	Mar Rojo
mi hijo	el libro	las salas

Repeat the following phrases, paying attention to the similar sounds.

con Nora Andújar	Vive en Nicaragua.
estudiar ruso	Ana habla ahora.
Lee el libro.	Las sillas son grandes.
Pepe es sincero.	La abuela de Enrique es simpática.

Letras y sonidos°

Letters and sounds

One letter of the Spanish alphabet is never pronounced: **h**. Remember this silent **h**, especially when pronouncing cognates. Repeat the following words and phrases.

historia	hijo	mi amigo Horacio
honor	habla	como Honduras
hay	siete hermanas	come helado
hombre	ocho horas	otra hamburguesa

Repaso: las vocales y los cognados

Pronounce the following cognates carefully, then listen to the correct pronunciation and repeat.

familia	tradición	social	abril
pariente	celebrar	civil	agosto
aniversario	personal	religión	octubre

PALABRAS EN CONTEXTO

Presentación A • La familia y los parientes

Actividad 1   La familia real española

Lea con atención el árbol genealógico de la familia real española y conteste las siguientes preguntas. Puede contestar con el nombre y nada más. Pare la cinta mientras lee el árbol genealógico.

MODELO: ¿Cómo se llama el hermano del rey don Juan Carlos? → (Se llama) Alfonso.

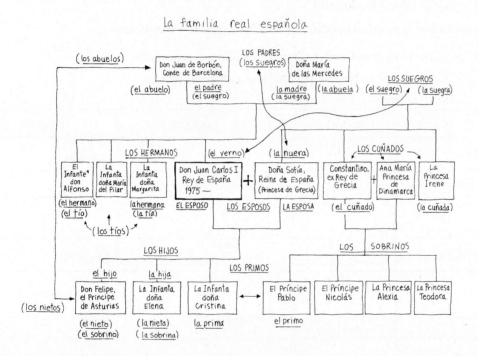

La familia real española

Presentación B • Los datos personales

Actividad 2   En la oficina de Seguridad Social°

Social Security

Imagínese que Ud. trabaja en una oficina de Seguridad Social. Escuche los mensajes en la contestadora y escriba la información en los formularios.

Apellidos: _____   Nombres: _____

Dirección: _____   Ciudad: _____

Código postal: _____

Número de teléfono: _____

Número de seguro social: _____

Información deseada: _____

Apellidos: _____	Nombres: _____
Dirección: _____	Ciudad: _____

Código postal: _____

Número de teléfono: _____

Número de seguro social: _____

Información deseada: _____

Actividad 3   A ciegas: Los datos personales

Basándose en los datos que tiene en su cuadro, conteste las siguientes preguntas.

MODELOS: ¿Cuál es la nacionalidad de Blanca? → Blanca es peruana.

¿Cual es el estado civil de Amelia? → Amelia es soltera.

	DAVID	AMELIA	BLANCA
nacionalidad	1. _____	2. _____	peruana
edad	3. _____	31	4. _____
estado civil	casado	soltera	5. _____
número de teléfono	6. _____	7. _____	57-60-15
dirección	8. _____ _____	Calle Roma, 12 Guayaquil	Calle Octubre, 12 Lima
profesión	estudiante	abogada	médica

Actividad 4   A ciegas: Más sobre los datos personales

Ahora, haga preguntas en orden numérico para llenar los espacios en blanco con la información correcta. Después de que Ud. haga la pregunta, escuchará la pregunta repetida y luego la respuesta.

MODELOS: 1. ¿Cuál es la nacionalidad de David? → David es colombiano.

7. ¿Cual es el número de teléfono de Amelia? →
El número de teléfono de Amelia es el 77-19-03.

1. ...   2. ...   3. ...   4. ...   5. ...   6. ...   7. ...   8. ...

Presentación C • Las fiestas familiares y los meses del año

Actividad 5   Algunas fechas importantes

Escriba las fechas que le dan estas personas sobre los cumpleaños de sus hermanos y los aniversarios de boda de sus padres y abuelos. Ponga un «X» donde no hay fecha.

	JOSEFINA	BERNAL	NORA
cumpleaños de hermanos			
aniversario de boda de sus padres			
aniversario de boda de sus abuelos			

NOTA CULTURAL

Most Spanish-language newspapers have a feature like one common in U.S. papers: a list of famous people who celebrate their birthdays that day and/or of events that took place on the same day in history. Many also include a list of saints honored that day, a feature frequently called the **santoral**. Some individuals listed as celebrating their birthday are named for one of that day's saints. It is also common to name a child for a saint honored on a different day. The child then celebrates, in addition to a birthday, a name day or saint's day.

Actividad 6 Los cumpleaños

Lea el texto con atención y, basándose en el, conteste las siguientes preguntas.

MODELO: ¿Cuándo es el cumpleaños de
Sergio Celibidache? →
El cumpleaños de Sergio
Celibidache es el 28 de junio.

¿Cuántos años va a cumplir? →
Sergio Celibidache va a cumplir
81 años.

1. ...   2. ...   3. ...   4. ...

HOY

27 DE JUNIO DE 1993,
DOMINGO

Nuestra Señora del Perpetuo Socorro; santos Zoilo y Lisardo rey, mártires. Mañana, lunes, san Pablo I, papa; santos Benigno, Argimiro, Plutarco e Irineo. El Sol sale a las 6.46 y se pone a las 21.49. La Luna sale a las 15.07 y se pone a la 1.41. Su fase actual es cuarto creciente.

CUMPLEAÑOS. Mañana, día 28 de junio, cumplen años las siguientes personas: Sergio Celibidache, director de orquesta, 81; Francisco Grande Covián, catedrático, 84; Pietro Mennea, atleta italiano, 41; Cusmir Anisoara, atleta rumana, 31; Daniel Ruiz-Bazani, *Dani,* ex jugador de fútbol, 42; Enrique Monsonis, ex presidente del Consell Valenciano, 62.

14. Expressing Possession and Relationships

Actividad 1   Después de la fiesta

Imagínese que termina la fiesta en su casa y sus parientes se despiden (*say good-bye to one another*). Pero olvidaron algunas cosas. Escuche y conteste las siguientes preguntas, según las indicaciones.

> MODELO: ¿De quién es la revista? (Sancho) → Es de Sancho.

1. Mario
2. Vicente y Gil
3. Tío Jorge
4. Abuelita

5. Luisita
6. Tía Mónica y tío Jacinto
7. Paquito y Pepita
8. Tío Rufino

Actividad 2   No salgo sin mi...

Sigue la confusión de las despedidas. Conteste negativamente las preguntas que le hacen sus parientes, basándose en las indicaciones.

> MODELO: ¿Tienes mi suéter? → No, no tengo su suéter.

1. ...   2. ...   3. ...   4. ...   5. ...   6. ...

Actividad 3   Sus amigos van de visita

Imagínese que todos sus amigos están de visita. Conteste las preguntas según las indicaciones.

> MODELO: ¿A quién visita Carlos? (tío) → Visita a su tío.

1. abuelos
2. sobrinas
3. cuñada

4. tía
5. nieta
6. suegra

15. *Repaso y expansión* • Questions with ¿qué? and ¿cuál?

Actividad 4   Definiciones

¿Qué preguntas produjeron las siguientes respuestas?

> MODELO: El hermano del padre o de la madre. → ¿Qué es un tío?

1. ...   2. ...   3. ...   4. ...   5. ...   6. ...   7. ...

Actividad 5 ¿Cómo hago la pregunta?

Imagínese que Ud. tiene que entrevistar a algunos clientes. Haga las preguntas necesarias para conseguir los siguientes datos. Puede haber más de una forma de hacer una pregunta.

> MODELO: número de hermanos → ¿Cuántos hermanos tiene Ud.?

1. estado civil
2. profesión
3. nombre
4. dirección
5. número de teléfono
6. nacionalidad

16. Describing States and Conditions: **estar** with Adjectives

Actividad 6 ¡La vida es complicada, aún durante las celebraciones especiales!

Escuche las descripciones y escriba el nombre del individuo descrito debajo del dibujo apropiado. Mire con atención los dibujos antes de comenzar.

LAS BODAS DE ELENA Y MARCOS

a. _____

b. _____

c. _____

d. _____

e. _____

17. *Vista previa* • Describing Routine or Customary Activities in the Past

Actividad 7 Cuando era joven

Escuche la narración de Andrés y ponga en orden lo que hacía después de salir de la escuela.

____ regresar a casa	_1_ ir al parque		____ lavar los platos	
____ hacer las tareas	____ bañarse		____ dar comida al perro	
____ lavarse las manos	____ comer			
____ cenar	_2_ jugar al fútbol			

LECCIÓN EN CONTEXTO

Actividad 1 Algunas familias hispanas

Ud. va a escuchar algunas descripciones de familias hispanas. Teresa, Víctor y Vanesa también van a ofrecerles otros comentarios. ¿Cuáles son algunos comentarios posibles? Es posible que le digan algo sobre las costumbres familiares, sobre los antepasados (*ancestors*) o tal vez sobre la región donde viven. ¿Qué otros asuntos se podrían mencionar? Después de pensar en esto un poco, escuche lo que dicen Teresa, Víctor y Vanesa sobre sus familias. Escuche la primera vez para apuntar el país o nacionalidad y el número de hermanos de los hablantes. Dé marcha hacia atrás a la cinta y escuche una segunda vez para apuntar los otros comentarios que hacen sobre los parientes. Si Ud. tiene tiempo, escuche una tercera vez para comparar sus apuntes con lo que oye, y para apuntar otros datos.

	TERESA	VÍCTOR	VANESA
país	_____	_____	_____
número de hermanos	_____	_____	_____
otros parientes	_____	_____	_____
	_____	_____	_____
	_____	_____	_____
otros comentarios	_____	_____	_____
	_____	_____	_____
	_____	_____	_____
	_____	_____	_____

Actividad 2 Preguntas personales

Para esta actividad, no hay respuestas exactas. Conteste las siguientes preguntas con información personal. (*For this activity, there are no specific answers. Answer the following questions with personal information.*)

> MODELO: ¿A qué hora se levanta Ud.? → Me levanto a las siete.
>   *o* Me levanto a eso de las nueve.

1. ... 2. ... 3. ... 4. ... 5. ... 6. ... 7. ... 8. ... 9. ...

CAPÍTULO **5**

Y tú, ¿dónde vives?

DE ENTRADA

Before starting the tape, do Exercise A of the **De entrada**.

A.   Each of the businesses whose card you see offers a product or service that might be of interest to someone who has just moved to a new home or office. Study the cards, then answer the questions. Remember to rely on both visual and linguistic elements, and to search first for cognates.

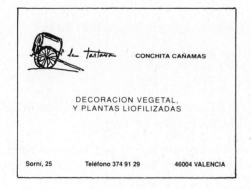

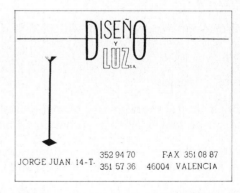

1. What business would furnish a child's bedroom? _____

2. Who could help you with your lighting needs? _____

   With curtains or window coverings? _____

3. For furniture made to measure (**a medida**), who would you call? _____

4. Is there a card for a business advertising houseplants? _____

   Garden supplies? _____

B. Now listen to three different radio ads for businesses that provide furnishings. Their names are given below. Which offers the greatest variety of products? The least? Can you jot down any of the items mentioned for sale? Recall the vocabulary you learned in **Capítulo 2** and listen for cognates.

GUZCA	BALDA	BIMA
_____	_____	_____
_____	_____	_____
_____	_____	_____

PRONUNCIACIÓN

As you have learned, not all sounds written with the same letters in English and Spanish are pronounced the same; for example, the sounds written with the letters *p*, *t*, and *c/qu* (as in **poquito**).

Repeat the following words as you hear them.

too	tú		ton	tan		tea	ti
toe	tono		tame	teme			

In English, a *t* followed by a vowel is often pronounced with a burst of air (sometimes called an aspiration), which is only rarely heard in Spanish. Much more like the Spanish sound is English *t* in words like *cat, cot, cut*.

The same is true of the sound written with *p*. Repeat the following words as you hear them:

peek	pico		Pa	pata
Pecos	pesos		Poe	por

Again, in English a *p* at the beginning of a word is often pronounced with a burst of air, and in Spanish no such burst is present. Spanish *p* is pronounced more like the *p* in *cap, tap, map*.

Recall that the hard sound of English *c* and *k* is represented in Spanish by *c* or *qu*: *c* is hard when followed by *c*, *o*, or *u*. The lack of aspiration in Spanish *t* and *p* is also true of the hard *k/c* sound. Repeat these pairs.

cop	capa		keep	Quito		coop	cupo
core	coro		cape	quepo			

Notice also the differences in the following pairs of cognates.

cure	cura	pure	puro	culture	cultura
accumulate	acumular	purify	purificar	literature	literatura

Each of the following words contains at least one of the sounds above. Many are also cognates. Pronounce each carefully and repeat.

1. apartamento
2. planta
3. quinta
4. séptima

5. contemporáneo
6. tranquilo
7. patio
8. vista

9. cortinas
10. estante

La sílaba tónica

Learning how to use accents correctly takes practice. Review the rules for stress, then do the exercise below.

Actividad   ¿Cuál es la sílaba tónica?

Escuche las siguientes palabras y subraye (*underline*) la sílaba tónica (la más alta). ¿Sigue la regla o debe llevar un acento escrito?

1. al-co-ba

2. tra-di-cio-nal

3. rus-ti-co

4. bal-con

5. jar-din

6. pa-tio

7. cua-dro

8. so-fa

9. so-le-a-do

10. ha-bi-ta-cion

PALABRAS EN CONTEXTO

Presentación A • La vivienda

Actividad 1   Las urbanizaciones más exclusivas

Escuche los anuncios de tres urbanizaciones (*urban or suburban housing developments*) e indique qué comodidades de la lista se mencionan. Antes de comenzar, pare la cinta y lea la lista con atención.

	MAR-PLAYA	EL BOSQUE	LA DORADA
viviendas de 1 dormitorio	☐	☐	☐
viviendas de 2 dormitorios	☐	☐	☐
viviendas de 3 dormitorios	☐	☐	☐
comedor (formal)	☐	☐	☐

cocina (amueblada)	☐	☐	☐
sala (familiar)	☐	☐	☐
baños de mármol	☐	☐	☐
calefacción central	☐	☐	☐
aire acondicionado	☐	☐	☐
garaje	☐	☐	☐
balcón	☐	☐	☐
jardín	☐	☐	☐
terraza	☐	☐	☐
parque infantil	☐	☐	☐
piscina	☐	☐	☐
cancha de tenis	☐	☐	☐
restaurante	☐	☐	☐
supermercado	☐	☐	☐

NOTA CULTURAL

In many cities, connecting utilities after a move can be a time-consuming process: in some countries it can take literally years to connect a telephone, for example. As a result, many renters and buyers shop specifically for housing that already has a telephone installed. And, as you can well imagine, cellular telephones constitute a serious challenge for the state-run telephone companies!

Actividad 2 Apartamentos de alquiler

Escuche los siguientes anuncios para apartamentos de alquiler. Escriba el número debajo del dibujo de los inquilinos (*tenants*) apropiados. Antes de comenzar, mire los dibujos con atención. ¿Qué necesitan estos individuos? Para algunos, no hay apartamento adecuado. Escuche una segunda vez para escribir el número de teléfono.

Presentación B • Los cuartos y los muebles

Actividad 3   El apartamento de Luisa

Escuche mientras los amigos de Luisa (María, su tía Julia, Raúl y Luis) le ofrecen algunas cosas para su apartamento. ¿Le pueden dar ellos todo lo que necesita?

cama
cómoda
mesilla de noche
lámpara
mesa para la cocina
dos sillas
dos sillones o un sofá
alfombra
mesa baja
espejo para el baño
cortinas
estantes

Presentación C • Los quehaceres domésticos

Actividad 4   ¿Quién hace los quehaceres?

A.   Luisa, Sara, Mario, David, Anita, Pablo, Daniel, Elena, Paco y Carmen son compañeros de casa. Escriba el nombre del individuo cerca del dibujo apropiado en la siguiente página.

Sara 1y Luisa ①
Maria 2
David 3
Anita 4
Pablo 5
~~~~~~ 6
Elena 7
Paco
Carmen 8

B. Ahora, conteste las siguientes preguntas, basándose en la información obtenida en la actividad anterior.

MODELO: ¿Qué hace Carmen? → Carmen lava el suelo.

ESTRUCTURAS EN CONTEXTO

18. Demonstrative Adjectives and Pronouns

Actividad 1   En la mueblería

Imaginese que Ud. está en una mueblería con una amiga. Ella está parada en el lado opuesto de una exposición de muebles. Cuando ella indique que a ella le gusta algo, exprese Ud. la opinión opuesta.

MODELO: Me gusta este sofá. → A mi no me gusta ese sofá. Prefiero este sofá aquí.

1. ...   2. ...   3. ...   4. ...   5. ...   6. ...

Actividad 2   Todavía busco...

Ud. continúa buscando lo que quiere comprar. Parece que todo lo que le gusta está al extremo de la mueblería. Conteste las preguntas, según el modelo.

MODELO: ¿Prefiere este sofá o ése? → Prefiero aquel sofá allá.

1. ...   2. ...   3. ...   4. ...   5. ...   6. ...

19. Discussing Future Plans and Intentions: **ir a** + Infinitive

Actividad 3   ¡Jaime está ocupadísimo!

Escuche lo que dice Jaime sobre sus planes para hoy e indique el orden en que va a hacer las actividades que menciona. Antes de comenzar, pare la cinta y lea la lista con atención.

__1__ levantarse

_____ hablar con el profesor de arte

_____ desayunar

_____ bañarse

_____ correr

_____ trabajar en el café

_____ escribir una carta

_____ regresar a casa

_____ salir con Julia

_____ ir a la biblioteca

_____ asistir a clases

Actividad 4   Ya sé lo que va a hacer Jaime

Ahora, narra lo que va a hacer Jaime, según la información obtenida en la actividad anterior.

       1.   Primero, va a...
     2., 3.   Después, va a... y...
4., 5., 6., 7.   Después de salir de la casa, Jaime va a... ,... ,... y...
       8.   Después del trabajo, va a... .
     9., 10.   Luego, Jaime va a... y...
      11.   Y por fin, va a...

Actividad 5   Tenemos que organizarnos

Usando las indicaciones, conteste las preguntas, según el modelo.

       MODELO: ¿Quien va a ir a la lavandería? (Diego) → Diego va a ir.

   1.   Salvador
   2.   Rosalía
   3.   Teodora
   4.   Salvador y Daniel
   5.   Mauricio y Sara
   6.   Enrique y Ana Cecilia

20. Verbs + Infinitive and Verbs with $e \rightarrow ie$ Stem Vowel Change

Actividad 6   Los quehaceres y los compañeros de casa

Escuche a los compañeros de casa de Juan (Natán, Jorge, Marcos y Diego) e indique en la lista de quehaceres para hoy lo que ellos quieren hacer.

Natán...

Jorge...

Marcos...

Juan...

Marcos...

Juan...

Diego...

Juan...

Diego...

Juan...

	QUEHACERES	NOMBRE
◯	sacar la basura	
	pasar la aspiradora	
	lavar la ropa	
	quitar el polvo	
	lavar los platos	
	limpiar el baño	
	planchar las cortinas	
	tender las camas	
◯	regar las plantas	

Actividad 7   Los planes de Mónica y Sara

Conteste las siguientes preguntas, según el modelo.

MODELO: ¿Dónde piensa Mónica vivir? ¿En las montañas o en la playa? →
            Mónica piensa vivir en las montañas.

Actividad 8   Las preferencias de Héctor y Óscar

Conteste las siguientes preguntas, según el modelo.

> MODELO: ¿Dónde prefiere vivir Héctor? ¿En las afueras o en el centro? →
> Héctor prefiere vivir en las afueras.

21. The Verb **poder** and other Verbs with *o* → *ue* Stem Vowel Change

Actividad 9   ¿Y qué puede hacer Ud.?

Conteste las preguntas según las indicaciones escritas y el modelo.

> MODELO: Marisa puede tocar la guitarra. (yo) → Yo también puedo tocar la guitarra.

1. tú
2. Antonio y yo
3. Elena y Camelia
4. nosotros
5. yo
6. Baltazar

Actividad 10   Más preguntas

Su madre se preocupa de su vida y le hace varias preguntas. Contéstelas.

> MODELO: ¿A qué hora te despiertas los lunes? (8:00 de la mañana) →
> Me despierto a las ocho de la mañana.

1. 8:00 de la mañana
2. 2:00 ó 3:00 de la madrugada
3. 1:00 ó 2:00 de la madrugada
4. 9:00 ó 10:00 de la noche
5. 12:00 del día
6. nunca

LECCIÓN EN CONTEXTO

Actividad 1   La casa ideal

Hoy por la tarde, Eugenio y Aurelio encontraron la casa perfecta para alquilar. Ahora van a explicar por qué esta casa es tan apropiada para ellos. Escuche con atención la primera vez, indicando en la columna de la izquierda las comodidades que mencionan. Luego, escuche una segunda vez y escriba en los espacios en blanco de la derecha cómo Eugenio y Aurelio pueden usar estas comodidades. Antes de escuchar, pare la cinta y lea la lista.

_____ habitaciones (número _____)   _____

_____ baños (número _____)   _____

_____ garaje   _____

_____ patio   _____

_____ jardín   _____

_____ sala   _____

_____ comedor   _____

_____ cocina   _____

_____ lavadora/secadora   _____

_____ aire acondicionado   _____

_____ luz pagada   _____

_____ calefacción pagada   _____

_____ sistema de seguridad   _____

Actividad 2   Preguntas personales

Para esta actividad, no hay respuestas exactas: Ud. puede contestar las siguientes preguntas con información personal.

MODELO: ¿Prefiere Ud. vivir en un apartamento o en una casa? →
Prefiero vivir en una casa porque me gusta tener un jardín.

1. ...   2.. ...   3. ...   4. ...   5. ...   6. ...   7. ...

CAPÍTULO **6**

El tiempo y las estaciones

DE ENTRADA

Before starting the tape, do Exercise A of the **De entrada** (on the following page).

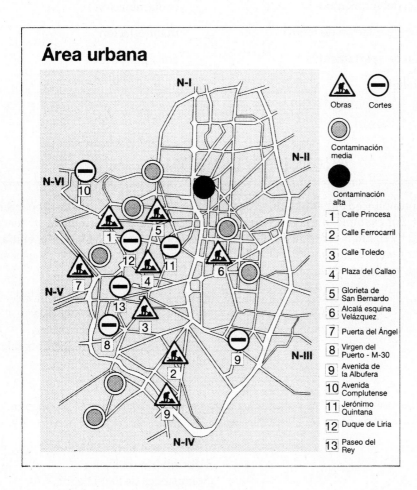

A. This feature (see page 67) appears, along with weather maps like those of the text's **De entrada**, in Madrid's daily *El País*. Madrid, like many big cities, has multiple systems of mass transit (the subway, or metro, and several kinds of buses) in addition to private vehicles (all of which require parking or **aparcamiento**), and maps like this inform residents not only of potential traffic problems, but of air quality as well. Study the map and answer the following questions.

1. Two symbols are used to indicate construction. If the triangle symbolizes work in progress and recommends caution, what do you think the circular sign **corte** means? _____

2. Two symbols for air polution appear. If the darker is for high levels, what do you think **media** (in the lighter symbol) means? (Here, it does not mean average.) _____

3. The list of numbers indicates where construction is taking place A **glorieta** is a round-about or traffic circle. Which of the other terms do you know? _____

B. Now listen to the radio traffic report and try to discover why the **corte** symbol is used at points 8 and 10. First, look up the names of those sites. Then, when you hear the reason for the **corte** symbol in the traffic report, jot down 8 or 10 in the appropriate space as you listen.

_____ construcción de aparcamientos   _____ niebla

_____ construcción del momento   _____ contaminación

_____ construcción de estación de metro   _____ manifestación

_____ construcción de apartamentos   _____ zona periférica

_____ procesión religiosa   _____ hielo

PRONUNCIACIÓN

The letter *d* in Spanish is pronounced either like English *d* in *dad* or like English *th* in *they*, depending on the sound that precedes it. For example, if the preceding sound is an *n*-sound (represented by the letter *n*) or an *l*-sound (represented by *l*), English *d* as in *dad* is used: **condominio, con David; falda, el día.** This is also the case if you are beginning after a pause: **¿Diez? ¿De veras?** In all other cases, use the *th* sound of English *they*: **cada, estudio, verde, es de ella.** Listen to and repeat the following phrases.

la discoteca	la dentista	el dibujo	mi dormitorio
una discoteca	una dentista	un dibujo	su dentista
la dirección	el día	el dulce	este drama
una dirección	un día	un dulce	los documentales

Actividad

Lea las siguientes frases con atención y subraye todas las **d** que se pronuncian como *d* y ponga un círculo alrededor de las **d** que se pronuncia como *th*. Después, escuche las frases y repítalas.

todo el mundo   el horno de microondas
estudiando   el dormitorio de Diana
padre y madre   ¿Son ustedes de San Diego?
un condominio moderno   Soy de Madrid.
un jardín de flores

Repaso: El enlace°

Pronounce the following phrases, giving special attention to the sounds that correspond across word boundaries. Remember: these are usually linked.

con nubes	vientos suaves
sin nieve	la altitud
hay hielo	el lunes
clima agradable	los sábados

Linking also causes syllables to form across words. Because Spanish syllables generally consist of a consonant plus vowel, a new syllable is formed when one word ends in a consonant and the next begins with a vowel. For example, the only difference between the word **nosotros** and the phrase **los otros** is the initial sound. Listen and repeat: **nosotros, los otros**.

Listen to and repeat the following phrases, linking the word final and word initial sounds.

en España	vientos aislados	sol en agosto
en Argentina	tormentas aisladas	vientos en octubre
en Ecuador	brisas agradables	es el otoño
lluvias aisladas	temperaturas agradables	es el invierno
nieblas aisladas	nieve en enero	

PALABRAS EN CONTEXTO

Presentación A • ¿Qué tiempo hace?

Actividad 1   ¿Qué se dice del tiempo?

Escuche los siguientes pronósticos e indique los fenómenos y condiciones que se mencionan.

A: MONTAÑAS   B: COSTA

A		B
☐	lluvia	☐
☐	nieve	☐
☐	viento	☐
☐	calor	☐
☐	frío	☐
☐	niebla	☐
☐	sol	☐
☐	tormenta	☐

Actividad 2   En Hispanoamérica

Escuche a los residentes de estas ciudades y apunte lo que dicen sobre el tiempo en enero.

LIMA	SAN JUAN	MÉXICO

Presentación B • Las estaciones

Actividad 3   Andrés, un viajero bien informado

Escuche mientras Elena Vargas y Benito Serrano le hablan a Andrés de sus planes para las vacaciones. Apunte en los espacios en blanco los datos que oye, en particular lo que comenta Andrés de los planes de sus amigos.

	ELENA VARGAS	BENITO SERRANO
destino		
mes o estación		
actividades planeadas		
comentario de Andrés		

NOTA CULTURAL

As English speakers have proverb-like sayings about the weather ("Red sun in the morning, sailors take warning") and rural life in general ("Knee-high by the Fourth of July"), similar sayings (**dichos**) exist in Spanish. For example, if the winter rains—which almost always end in May—continue into June, you're likely to hear **Estamos en el cuarenta de mayo** (*It's May 40th*), which refers to the saying **Hasta el cuarenta de mayo, no te quites el sayo** (*overgarment*). Other dichos are: **En el mes de San Juan (junio), al sol se cuece** (*cook*) **el pan; Septiembre sereno, ni malo ni bueno; Lluvia de enero, dinero; Horizonte claro y relampagueante, tiempo bueno y sofocante.**

Presentación C • El calendario y las fechas

Actividad 4   Las Navidades en España

Escuche lo que dice Arantxa Villanova Martín sobre cómo celebran las Navidades en España. Escuche la primera vez sólo para captar el nombre del día que se menciona. Escuche una segunda vez para apuntar las actividades principales de cada día.

	DÍA	ACTIVIDADES
el 24 de diciembre		
el 31 de diciembre		
el 1° de enero		
el 5 de enero		
el 6 de enero		

ESTRUCTURAS EN CONTEXTO

23. Verbs with *e* → *i* Stem Vowel Change

Actividad 1   Antes de vestirse, hay que considerar el clima

Conteste las preguntas según el modelo. Las repuestas pueden variar.

> MODELO: ¿Qué tiempo hace en enero en Chicago?   →
> Hace frío y nieva.
> ¿Cómo viste la gente en enero en Chicago?   →
> Viste abrigo, bufanda sombrero y guantes.

1.

2.

3.

4.

5.

6.

Actividad 2   Bebidas y comidas de la estación

A. Conteste las preguntas según las indicaciones escritas y el modelo.

> MODELO: ¿Qué bebida piden los españoles cuando hace calor? (sangría) →
>   Cuando hace calor, los españoles piden sangría.

1.   chocolate   2.   té helado o limonada   3.   té   4.   licuados de frutas

B. Conteste las preguntas según las indicaciones escritas y el modelo.

> MODELO: ¿Qué plato sirven los españoles cuando hace calor? (gazpacho) → Sirven gazpacho.

1.   pollo con mole   2.   churrasco   3.   hamburguesas 4.   minestrone

24. Expressing Likes and Dislikes: **gustar** and Similar Verbs

Actividad 3   ¿Qué tiempo le gusta más?

Conteste las preguntas usando las indicaciones escritas, según el modelo.

> MODELO: ¿Qué le parece la nieve de Colorado? (fastidiar) → Me fastidia la nieve de Colorado.

1.   molestar   3.   impresionar   5.   aburrir   7.   encantar
2.   enojar   4.   encantar   6.   fascinar   8.   fastidiar

Actividad 4   ¿Qué les gusta hacer?

Conteste las preguntas usando las indicaciones escritas, según el modelo.

> MODELO: A Roberto, ¿qué le encanta hacer cuando hace calor? (nadar) → Le encanta nadar.

1.   esquiar   3.   acampar   5.   ir al cine
2.   quedarse en casa   4.   dar un paseo   6.   andar en bicicleta

25. Reflexive Verbs, Part 2

Actividad 5   La breve historia de Roberta y Rodrigo

Escuche mientras Roberta narra la breve historia de su amor e indique el orden de los eventos. Pare la cinta y lea la lista antes de escuchar.

_____ mudarse   _____ divorciarse

_____ conocerse   _____ separarse

_____ reunirse   _____ enamorarse

_____ casarse   _____ irse

Actividad 6   Ya sé la breve historia de Roberta y Rodrigo

Ahora, narra lo que hicieron Roberta y Rodrigo.

1. Primero, Roberta y Rodrigo...
2. Instantáneamente ellos...
3. Muy poco tiempo después,...
4. Entonces... a Las Vegas.
5. Poco después, Rodrigo... y no volvió.
6. Por esta razón ellos...
7., 8. Luego... brevemente con un abogado y...

Actividad 7   Los martes en casa de Javier

A. Escuche lo que dice Javier e indique el orden de sus actividades en la columna a la izquierda. Pare la cinta y lea la lista antes de escuchar.

_1_	despertarse	_escuchar la radio_
____	callarse	_____
____	despedirse	_____
____	ducharse	_____
____	reunirse	_____
____	vestirse	_____
____	acostarse	_____
____	levantarse	_____
____	dormirse	_____

B. Ahora, dé marcha hacia atrás a la cinta y escuche otra vez y escriba en la columna a la derecha en el orden apropiado las actividades que no aparecen en la lista.

26. Numbers 100 and Greater

Actividad 8   ¿Cuál es su fecha de nacimiento?

Escriba las fechas importantes de las siguientes personas.

	HÉCTOR	ELENA	GALO	LINDA	FRANCO
nacimiento					
graduación					
casamiento					

Actividad 9   ¿Cuántos hispanohablantes hay?

Basándose en las indicaciones escritas, conteste las preguntas según el modelo.

> MODELO: ¿Cuántos hispanohablantes hay en los EE. UU.? →
> Hay diecinueve millones quinientos mil hispanohablantes.

México	73.641.000	Bolivia	6.082.000
España	39.310.000	República Dominicana	5.962.000
Argentina	29.627.000	El Salvador	5.232.000
Colombia	27.500.000	Honduras	4.092.000
EE.UU.	19.500.000	Paraguay	3.117.000
Perú	18.707.000	Nicaragua	3.058.000
Venezuela	14.940.000	Uruguay	2.968.000
Chile	11.682.000	Islas Filipinas	2.900.000
Cuba	9.880.000	Costa Rica	2.379.000
Ecuador	8.200.000	Panamá	2.089.000
Guatemala	6.526.000	Guinea Ecuatorial	304.000

1. ...   2. ...   3. ...   4. ...   5. ...   6. ...

27. *Vista previa* • Describing Circumstances and Conditions

Actividad 10   ¿Qué tiempo hacía?

Escuche las siguientes descripciones y escriba el número debajo del dibujo apropiado. ¡OJO!: Hay solo tres descripciones.

a. ____   b. ____   c. ____   d. ____

LECCIÓN EN CONTEXTO

Actividad 1   Un día muy malo

Escuche los reportes que se hacen en la radio. Escuche la primera vez sólo para apuntar la fecha y el lugar mencionado en los espacios. Escuche una segunda vez para captar lo que se dice del tiempo o del fenómeno natural. Si Ud. tiene tiempo, considere los posibles resultados de tales condiciones o fenómenos y escuche una tercera vez para apuntar datos sobre los resultados. (Si Ud. prefiere, apunte los resultados en inglés.)

FECHA	LUGAR	TIEMPO O FENÓMENO	RESULTADOS
_____	_____	_____	_____
_____	_____	_____	_____
_____	_____	_____	

Para confirmar los datos, escuche una vez más.

Actividad 2   Preguntas personales

Contestar las siguientes preguntas con información personal.

> MODELO: ¿Le gusta la nieve? → Me encanta la nieve porque esquío mucho.
> *o* Me fastidia la nieve.

1. ...   2. ...   3. ...   4. ...   5. ...   6. ...   7. ...   8. ...   9. ...   10. ...

CAPÍTULO **7**

¿Qué materias tienes?

DE ENTRADA

Before starting the tape, do Exercise A of the **De entrada.**

A. La Feria del libro is an annual spring event in Madrid, Spain. Publishers bring their recent books and journals to the **Parque del Retiro** so that visitors can browse and buy. Look at the advertisement for the **Feria** and answer these questions.

1. Many sponsors are listed. The **ayuntamiento** is the council or main governing body; **comunidad** refers to the larger level of governmental organization, roughly equivalent to our *state*. What do you think the organizations listed at the bottom are? _____

2. What were the dates of the 1993 **Feria?** _____

3. What do you think the slogan **vive leyendo** means? _____

B. Now listen to some radio announcements for several kinds of courses offered commercially, outside of the regular Spanish school system. Many of these are designed specifically to prepare students for the **Selectividad,** an exam required for entrance to Spanish universities. As you listen, check below the courses you hear mentioned, and try to catch the phone numbers.

NÚMERO DE TELÉFONO

____ ciencias _____

____ informática _____

____ empresariales _____

____ matemáticas _____

____ latín y griego _____

____ español _____

____ económicas _____

____ arte _____

____ inglés _____

PRONUNCIACIÓN

The letters **b** and **v** are pronounced the same in most dialects of Spanish, but like the letter **d,** have two pronunciations. One of these is familiar to you from English: the sound of *b* in *bib*. The other sound is produced similarly, with the lips touching, but without the explosion of air. As was the case for the sound represented by **d,** the way you pronounce **b** and **v** depends on the sound that precedes it. For example, if the preceding sound is an **n**-sound or if you are beginning after a pause, English *b* as in *bib* is used: **veinte, cambio, viene, bien, sin viento.** In all other cases, use the softer, less explosive sound: **libro, hablar, la bebida.** Listen to and repeat the following phrases.

la biología	me baño	es verde	este vino
un biólogo	un baño	en verde	con vino
la biblioteca	la blusa	de Venezuela	su vídeo
un bibliotecario	sin blusa	en Venezuela	en vídeo

Actividad 1   ¿Qué sonidos tiene?

Estudie las siguientes frases y subraye las letras **b** y **v** que se pronuncian como *b* de *bib* y ponga un círculo alrededor de las que se pronuncian de la otra manera. Después, escuche las frases y repítalas.

1. la verdad
2. son veinte
3. una bebida de verano
4. una vez o dos veces
5. Voy a la lavandería.
6. Bebe cerveza.
7. ¡Uvas bien verdes!
8. la vida universitaria
9. Vivo en Venezuela.
10. Beto y Bernardo son beisbolistas.

Actividad 2   Más cognados

Mientras lee las siguientes listas de los nombres de algunas ciencias y las personas que se dedican a ellas, escuche las palabras e divídalas en sílabas. Entonces, subraye las sílabas tónicas, teniendo en cuenta los acentos escritos y las reglas de la acentuación. Después, escuche y repita cada pareja de palabras. Cuidado con las vocales y la sílaba tónica.

CIENCIAS	ESPECIALISTAS
an / tro / po / lo / gí / a	an / tro / pó / lo / go
sociología	sociólogo
ciencias	científico
biología	biólogo
economía	economista
historia	historiador
matemáticas	matemático
física	físico

PALABRAS EN CONTEXTO

Presentación A • ¿Qué materias tiene Ud.?

Actividad 1   Definiciones

Escriba el número de la definición al lado de la materia que define. Pare la cinta y lea la lista antes de escuchar.

MODELO: 1. El estudio de los astros, los planetas, las estrellas y la naturaleza del universo. →
la astronomía

_1_ la astronomía   _____ la computación   _____ la historia

_____ la biología   _____ la física   _____ la música

_____ la arquitectura   _____ la química

Actividad 2   Cursos cancelados

Escuche las siguientes grabaciones telefónicas y anote los cursos cancelados. No se preocupe si capta sólo el número y unas cuantas palabras del título.

	NÚMERO	TÍTULO	DÍA/HORA
Sociología:	_____	_____	_____
	_____	_____	_____
Arte:	_____	_____	_____
	_____	_____	_____
Historia:	_____	_____	_____
	_____	_____	_____
Literatura:	_____	_____	_____
	_____	_____	_____

Since the passage of the Ley General de Educación Básica in 1970, the educational system of Spain has consisted of the following levels, each with its own goals: **la educación general básica (EGB); la educación general básica superior (EGBS); el bachillerato unificado polivalente (BUP); el curso de orientación universitaria (COU);** and, for qualified and interested students, **la Universidad.** The **bachillerato** or **BUP** is the last opportunity for students to study several different disciplines and to discover where their interests lie. Unlike the U.S. system, in Spain students begin to specialize in a particular area of studies (a **carrera**) before they apply to enter the university.

Presentación B • La hora

Actividad 3 ¿Qué hora es?

Ponga el número apropiado al lado del reloj que da la hora mencionada.

> MODELO: Son las tres y veinte. → Reloj b.

Actividad 4 Ya sé la hora.

Ahora, diga la hora del reloj indicado de la actividad anterior.

> MODELO: ¿Qué hora es? (Reloj a.) → Son las seis y cuarto.

Presentación C • El estudio y la investigación

Actividad 5 ¿Cómo debo hacerlo?

David siempre saca A en sus trabajos escritos. Escuche lo que dice David sobre su método para preparar un trabajo de investigación. Ponga el número apropiado en los espacios en blanco, para poner en orden las actividades. ¡OJO! Algunas fases del proceso se repiten. Antes de comenzar, pare la cinta y lea la lista con atención.

_____ leer los libros, pensar bien y tomar apuntes

_____ ir a la biblioteca para buscar información bibliográfica y sacar libros

_____ escribir el primer borrador

_____ consultar con el profesor

_____ escoger el mejor tema

_____ hacer un bosquejo

_____ revisar, corregir y escribir el trabajo a máquina

_____ entregárselo al profesor

ESTRUCTURAS EN CONTEXTO

28. Expressing Obligation: **tener que** + Infinitive

Actividad 1   Gracias, pero no puedo...

Imagínese que un amigo lo/la llama para preguntarle si puede hacer algo con él el sábado. Explíquele por qué no puede, basándose en lo que Ud. tiene escrito en su agenda.

MODELO: ¿Puedes ir al museo conmigo por la mañana? Abre a las nueve. →
Me gustaría, pero tengo que ir al dentista a las nueve.

SÁBADO	
9:00	ir al dentista
10:00	reunirme con Elena e ir de compras
1:30	almorzar con Elena y su prima
3:00	reunirme con Antonio para repasar nuestros apuntes para el examen de química
5:30	jugar al tenis con Roberta
7:00	cenar con Paco y Laura

Actividad 2 Fechas importantes

Basándose en el siguiente horario de un curso para extranjeros, conteste las preguntas que le hace su amigo según el modelo.

MODELO: ¿Cuándo elijo mis cursos? → Ah, tengo que elegir los cursos antes del 15 de septiembre.

Plazo para mandar las solicitudes: antes del 15 de abril

Reserva de plaza: antes del 31 de agosto

Elección de los cursos: antes del 15 de septiembre

Entrega del plan de estudios: el 5 de octubre

Pago de matrículas: el 5 de octubre

Comienzo de las clases: el 12 de octubre

---

1. mandar
2. reservar
3. elegir
4. entregar
5. matricularse
6. comenzar

29. Telling What Happened: Regular Forms of the Preterite

Actividad 3 Las actividades de Gerardo

Escuche la narración de Gerardo e indique el orden de las actividades que menciona. Antes de comenzar, pare la cinta y lea la lista con atención.

LA HORA

_____ levantarse a las siete   _____

_____ tomar apuntes del libro de economía   _____

_____ estudiar sus apuntes de laboratorio   _____

_____ repasar el libro de física   _____

_____ repasar sus apuntes de economía con Ángela   _____

_____ reunirse con sus compañeros de clase   _____

_____ estudiar para el examen de alemán   _____

_____ resumir todo   _____

_____ almorzar   _____

_____ memorizar las teorías importantes   _____

_____ acostarse   _____

Si Ud. tiene tiempo, escuche otra vez y apunte las horas que menciona Gerardo.

Imagínese que habla con su madre por teléfono y que ella quiere saber todo lo que Ud. hizo ayer. Conteste sus preguntas, basándose en la lista que sigue. ¡OJO! Si la información no aparece en la lista, Ud. no lo hizo.

MODELOS: ¿A qué clases asististe ayer? → Ayer asistí a inglés, historia y matemáticas.

¿Jugaste al tenis ayer? → No, ayer no jugué al tenis.

○	correr con Jorge	7:30
	matemáticas	9:00
	inglés	11:00
	almuerzo con Gloria	1:00
	historia	3:00
	café con Ana y Pablo	4:15
	biblioteca: historia	5:00
	inglés	
	arte	
○	TV: partido de fútbol	11:30

30. *Repaso y expansión* • Demonstrative Adjectives and Pronouns

Actividad 5   ¿Qué idea es ésta?

Basándose en las indicaciones siguientes, conteste las preguntas según el modelo.

MODELO: ¿Qué hipótesis es ésta? (más radical) → Ésta es la hipótesis más radical.

1. más revolucionaria
2. más lógica
3. más difíciles
4. más complejos

5. más detallada
6. más importantes
7. más convincentes

Actividad 6   ¿De quién es?

Imagínese que Ud. es el secretario / la secretaria del Departamento de Física. Basándose en las indicaciones escritas, conteste las siguientes preguntas según el modelo.

MODELO: ¿De quién es este libro? (Profesor Martinez) → Éste es el libro del Profesor Martínez.

1. Profesor Gracián	4. Profesora Vegas	7. Profesor Martín
2. Profesora Vegas	5. Profesor Gracián	8. Profesor Gracián
3. Profesor Martín	6. Profesor Martín	

31. *Vista previa* • Influencing Others

Actividad 7   Las instrucciones del profesor

Escuche mientras el profesor Villarrobles les da instrucciones a sus estudiantes antes del examen final. Indique los verbos en el subjuntivo que Ud. oye. Antes de escuchar, pare la cinta y lea la lista de infinitivos.

☐ leer	☐ indicar	☐ escuchar
☐ abrir	☐ entregar	☐ formular
☐ examinar	☐ ver	☐ pensar
☐ escribir	☐ calcular	

LECCIÓN EN CONTEXTO

Actividad 1   Descripción de un curso

A. Escuche la siguiente descripción de un curso de historia. Antes de comenzar, considere Ud. los siguientes términos. Primero, ¿cuáles de los términos son cognados del inglés? Segundo, en base del título del curso, subraye Ud. los términos que pueden ocurrir en la descripción.

☐ clase	☐ transformación	☐ economía
☐ cultura	☐ población	☐ década
☐ liberalización	☐ laboratorio	☐ dinero
☐ intelectual	☐ fórmula	☐ arqueología
☐ reinado	☐ gobierno	☐ conquista
☐ año	☐ victoria	☐ batalla

Ahora, escuche la descripción e indique los términos que se mencionan.

B. Dé marcha hacia atrás a la cinta y escuche una segunda vez para apuntar en los espacios en blanco la información pedida.

Curso: La colonización de México

Prof. _____

Día/Hora: _____

C. Ahora escuche una tercera vez e luego indique si los siguientes comentarios son ciertos o falsos.

		CIERTO	FALSO
1.	En este curso se hace un análisis del reinado de los Reyes Católicos.	☐	☐
2.	Se estudian las culturas prehistóricas de la Península Ibérica.	☐	☐
3.	También se consideran aspectos del reinado del emperador Carlos V.	☐	☐
4.	Se fundó Nueva España en 1507.	☐	☐
5.	El período de consolidación del regimen colonial es de 1524 a 1700.	☐	☐
6.	La población indígena tenía relaciones con el estado y la iglesia.	☐	☐
7.	El curso no da atención a la Guerra de Sucesión española..	☐	☐

Actividad 2   Historia personal de algunos estudiantes

Escuche los dos comentarios hechos por estudiantes universitarios sobre sus estudios. Antes de comenzar, repase las notas culturales del libro de texto y de este manual de laboratorio y todo lo que Ud. aprendió sobre los sistemas educativos de los países de habla española. También considere otros aspectos de la vida que entran en la educación de un individuo. Escuche la primera vez para apuntar los datos sobre la nacionalidad, universidad y carrera universitaria de cada estudiante. Después, escuche una segunda vez para apuntar brevemente algunos de los otros detalles (de tipo personal o económico). Escuche una tercera vez para verificar y/o apuntar más detalles.

ROSA MARÍA MONTES JUÁREZ

nacionalidad: _____

universidad: _____

carrera universitaria: _____

otros comentarios: _____

_____

_____

LAURA BEATRIZ HERNÁNDEZ

nacionalidad: _____

universidad: _____

carrera universitaria: _____

otros comentarios: _____

_____

_____

Actividad 3   Preguntas personales

Conteste las siguientes preguntas con información personal.

MODELO: ¿A qué hora se levantó Ud. hoy? → Me levanté a las siete.

1. ...   2. ...   3. ...   4. ...   5. ...   6. ...   7. ...   8. ...

CAPÍTULO **8**

Los placeres y las molestias

DE ENTRADA

Before starting the tape, do Exercise A of the **De entrada**.

A. The following scholarship announcement was published by the Spanish Ministry of Education and Science. Study it and answer the following questions.

ESTUDIAR ES TU DERECHO

Este año, el Ministerio de Educación y Ciencia vuelve a convocar las becas y ayudas (libros, transporte, residencia, compensatoria, matrícula gratuita) para enseñanzas medias y universitarias.
Solicita la tuya hasta el 31 de Julio si has aprobado en Junio y hasta el 30 de octubre si terminas el curso en Septiembre.

BECAS
92-93

Porque estudiar es tu derecho

Infórmate llamando al teléfono gratuito 900·10·92·93 o en el libro BECAS 92·93

Ministerio de Educación y Ciencia

1. For what expenses is scholarship assistance available? _____

   How many of these terms are cognates? Can you guess the meaning of the others?

   _____

2. For what level of study (secondary, college, post-graduate) are **becas** available?

   _____

3. What is the time period within which application for scholarship can be made?

   _____

4. What information do you think the book *BECAS 92-93* contains?

   _____

5. What is the prefix for toll-free telephone calls made in Spain? _____

6. How does this information correspond with what you know about scholarships in this country?

   _____

B. Now listen to the following radio announcement for three kinds of scholarships. For what kind of students are they intended? Who sponsors these scholarships? Write a 1, 2, or 3 next to the following pieces of information to indicate which of the three kinds of scholarships they correspond to. (Some will not receive numbers.) Listen for cognates above all, and study the list before beginning. Listen once to grasp the general content, then a second time to check what you hear.

_____ becas para estudiar en los Estados Unidos

_____ becas para estudiar en Latinoamérica

_____ becas para estudiar en Japón

_____ becas para estudiar en Australia

_____ becas para estudiar el Ministerio de Educación

_____ becas para estudiar el medio rural

_____ becas para estudiar japonés

_____ becas para estudiar ciencia

_____ becas para estudiar cualquier asunto

_____ becas para 1994

_____ becas para 1995–96

_____ becas para cualquier año

_____ becas para 1994–95

_____ presentar solicitudes en la Embajada de Japón

_____ presentar solicitudes en el Instituto Latinoamericano

_____ presentar solicitudes en el Instituto de Cooperación Iberoamericana

_____ presentar solicitudes en la Fundación Internacional de Japón

_____ presentar solicitudes en el Ministerio de Educación e Investigación

_____ presentar solicitudes en el Ministerio de Agricultura, Pesca y Alimentación

PRONUNCIACIÓN

When followed by **a, o,** or **u**, the letter **g** has, like the letters **d** and **b**, two different pronunciations. One of these is similar to the *g*-sound in English *giggle*. The other is similar, but without completely closing off the back of the throat. As was the case for the sounds represented by **d** and **b**, you pronounce **g** followed by **a, o,** or **u** according to the sound that precedes it. For example, if the preceding sound is an **n**-sound or if you are beginning after a pause, use English *g* as in *giggle*: **vengo, tango, un gato, en grupos.** In all other cases, use the softer, less explosive sound: **agua, algo, peligro, la gata, su grupo.** Listen to and repeat the following words and phrases.

gracias	biólogo	amigo de Gregorio
guapo	antropólogo	un regalo muy grande
un grupo	sociólogo	no tengo suegros
un garaje	Bogotá	
en Guatemala		

Actividad   ¿Qué sonido tiene?

Lea las siguientes frases con atención y subraye todas las letras **g** que se pronuncian como *g* de *giggle* y ponga un círculo en todas las **g** que se pronuncian de la otra manera. Después, escuche las frases y repítalas.

1. gusto	5. muchas gracias	9. son guapos
2. me gusta	6. con gracias	10. ¡Qué guapo!
3. de Guatemala	7. sin garaje	
4. en Guatemala	8. su garaje	

You can continue to practice pronouncing these sounds by giving the present tense forms of the verbs **jugar** and **pagar**.

Remember: *g* followed by *e* or *i* is pronounced like *j* (**jota**). Repeat the following pairs of words.

antropólogo / antropología	sociólogo / sociología
arqueólogo / arqueología	elegir / elijo
biólogo / biología	corregir / corrijo
sicólogo / sicología	escoger / escojo

PALABRAS EN CONTEXTO

Presentación A • La vida académica

Actividad 1 Definiciones

Ponga el número de la definición al lado del termino correcto.

MODELO: 1. Escribir lo que está ya escrito, mirando a lo ya escrito → copiar

___*1*___ copiar   _____ trasnochar   _____ destacarse

_____ aprobar   _____ suspender   _____ cumplir

Actividad 2 Alejandro y Fernando

Alejandro es muy buen estudiante y su hermano Fernando es perezosísimo. ¿A quién corresponden las siguientes descripciones?

MODELO: 1. Tiene éxito en todo lo que hace → Alejandro.

	ALEJANDRO	FERNANDO
2.	☐	☐
3.	☐	☐
4.	☐	☐
5.	☐	☐
6.	☐	☐
7.	☐	☐
8.	☐	☐

Presentación B • La vida emocional

Actividad 3 Situaciones buenas y malas

Escuche las siguientes descripciones y escriba el nombre del individuo debajo del dibujo apropiado.

MODELO: ¡Pobre Ramón! Llueve por quince días seguidos. → Dibujo a.

a. _____Ramón_____   b. _____   c. _____

d. _____   e. _____

Actividad 4   ¿Cómo se siente?

Basándose en las indicaciones escritas, conteste las siguientes preguntas según el modelo.

> MODELO: ¿Cómo se siente Ud. cuando ve la misma película por tercera vez?
> (¿Aburrido o triste?) → Me siento aburrido/a.

1. ¿Triste o alegre?
2. ¿Avergonzado/a o contento/a?
3. ¿Deprimido/a o entusiasmado/a?

4. ¿Alegre o avergonzado/a?
5. ¿Enojado/a o sorprendido/a?
6. ¿Alegre o confundido/a?

Presentación C • Opiniones opuestas

Actividad 5   Tengo ideas diferentes

Basándose en las indicaciones escritas, responda a los siguientes comentarios según el modelo.

> MODELO: Voy al laboratorio de lenguas de vez en cuando. (nunca) →
> Nunca voy al laboratorio de lenguas.
> o No voy nunca al laboratorio de lenguas.

1. ningún
2. nadie
3. nada
4. tampoco

5. ningún
6. nunca
7. nadie

Actividad 6   Contradiciendo a los otros

Conteste las siguientes preguntas según el modelo, empleando la palabra negativa apropiada.

> MODELO: ¿Cuántas clases tiene Ud. hoy? (ningún / tampoco) → No tengo ninguna clase hoy.

1. nada / nadie
2. nada / ninguna
3. tampoco / nunca
4. ningún / nadie

5. nada / nunca
6. tampoco / nada
7. nadie / ningún
8. nunca / ningún

ESTRUCTURAS EN CONTEXTO

32. Reflexive Verbs: Part 3

Actividad 1   Mis amigos universitarios

Escuche las descripciones y escriba el nombre debajo del dibujo apropiado.

> MODELO: Andrés parece deprimido. → Dibujo b., Andrés

a. _____   b. ___*Andrés*___   c. _____

d. _____   e. _____

Actividad 2   Me preocupo por mis amigos

Basándose en la actividad anterior y el modelo, responda a los siguientes comentarios sobre sus amigos.

> MODELO: Andrés siempre anda deprimido. (deprimirse) → Sí. Se deprime fácilmente.

1. preocuparse
2. enfadarse

3. confundirse
4. enamorarse

Actividad 3   ¿Y qué pasa con ellos?

Basándose en las indicaciones escritas, conteste las preguntas según el modelo.

> MODELO: ¿Qué pasa con Víctor? (aburrirse en sus clases) → Es que se aburre en sus clases.

1. confundirse con la tarea de química
2. enfadarse con su compañero
3. ponerse nervioso antes de un examen

4. deprimirse cuando llueve tanto
5. entristecerse cuando ve sus tareas
6. sorprenderse cuando sale bien en matemáticas

Actividad 4   Una encuesta

Imagínese que Ud. toma apuntes sobre una encuesta para obtener datos sobre la vida emocional de los estudiantes que hace un estudiante graduado de sicología. Escriba en el formulario lo que dice la entrevistada.

> MODELO: ¿Cuándo se pone contenta? → Me pongo contenta cuando visito a mi novio.

Cuestionario: La vida emocional del estudiante universitario

Fecha de la encuesta: *12 de noviembre*   Hora de la encuesta: *13:30*

Tarjeta de identidad: *12-228-775*   Año de estudios: *2*

1. Me pongo contento/a cuando_____

2. Me preocupo cuando_____

3. Me entristezco cuando_____

4. Me confundo cuando_____

5. Me aburro cuando_____

6. Me enfado cuando_____

---

33. Influencing Others: **tú** Commands

Actividad 5   Un amigo perezoso

Tu amigo es extremadamente perezoso. Dígale lo que debe hacer.

> MODELO: No quiero levantarme. → ¡Levántate!

1. ...   2. ...   3. ...   4. ...   5. ...   6. ...   7. ...   8. ...   9. ...   10. ...

Actividad 6   Rodolfo necesita descansar

Rodolfo está muy enfermo, pero no quiere quedarse en cama. Dígale lo que no debe hacer, según el modelo.

> MODELO: Pero tengo que buscar aquel libro en la biblioteca. →
>   ¡No! ¡No busques aquel libro!

1. ...   2. ...   3. ...   4. ...   5. ...   6. ...   7. ...   8. ...   9. ...   10. ...

34. Telling What Happened: The Preterite Forms of **ir** and **ser**.

Actividad 7   ¿Qué hicieron sus amigos?

Escuche las descripciones y escriba el nombre del individuo descrito debajo del dibujo apropiado.

MODELO: Jorge fue al gimnasio a levantar pesas. → Jorge, dibujo a.

a. _____Jorge_____

b. _____

c. _____

d. _____

e. _____

f. _____

g. _____

Actividad 8   ¿Quién fue a la fiesta?

Ahora conteste las preguntas basándose en la información de la actividad anterior, según el modelo.

MODELO: ¿Fue Luisa a la fiesta? → Sí, ella fue a la fiesta.

1. ...   2. ...   3. ...   4. ...   5. ...   6. ...   7. ...   8. ...   9. ...

Actividad 9   ¿Qué hicieron sus amigos?

Basándose en las indicaciones escritas, conteste las preguntas según el modelo.

>   MODELO: (ir al concierto / bueno)
>   ¿Qué hizo Anita anoche? → Fue al concierto.
>   ¿Y qué tal el concierto? → Fue muy bueno.

1. cine / aburrido
2. fiesta / divertido
3. ballet / lindo
4. teatro / estupendo
5. conferencia / fantástico
6. reunión / interesante

35. *Repaso y expansión* • Negation

Actividad 10   ¡No aprendiste nada!

Imagínese que su compañero de clase y Ud. están preparándose para un examen. Él hace una serie de afirmaciones sobre la vida y obra de Miguel de Cervantes y todas son erróneas. Responda según la indicación dada.

>   MODELO: Cervantes recibió muchos premios. (ninguno) → Cervantes no recibió ningún premio.

1. nunca
2. nadie
3. nada
4. ningún
5. poco
6. ningún
7. tampoco

Actividad 11   Laura y Lorenzo

Laura y Lorenzo son muy distintos. Basándose en la descripción de Laura, describa a Lorenzo, según el modelo.

>   MODELO: Laura siempre tiene éxito. → Lorenzo nunca tiene éxito.

1. ...   2. ...   3. ...   4. ...   5. ...   6. ...

36. *Vista previa* • Direct Object Pronouns

Actividad 12   ¡Estoy perdido!

Escuche lo que dice Daniel y escriba el nombre que corresponde al complemento directo.

1. no lo encontré   _____*el libro*_____

2. no lo vi   _____

3. no la puedo encontrar _____

4. las olvidé   _____

5. no lo veo   _____

LECCIÓN EN CONTEXTO

NOTA CULTURAL

Spanish students who want to attend the university after receiving the **bachillerato** must first take the COU entrance exam. After they complete their COU studies, they must take another grueling exam, the **Selectividad**, which determines whether they can enroll in a university. The **Selectividad** lasts two days (eleven hours each day!) and in 1990 more than 265,000 students took it. Once a student has passed the **Selectividad**, he or she may not find a place in a university in the desired field: In fact, many students are compelled to revise their study and professional plans, based on the slots available.

Similar national aptitude or achievement tests are given elsewhere. For example, all Venezuelan students who wish to pursue university studies take the **Prueba de Aptitud Académica**. The Venezuelan exam is, like the national elections, observed and proctored by the Armed Forces.

Actividad 1 Después de la Selectividad

Escuche lo que dicen los siguientes estudiantes con respecto al examen de la Selectividad y a su carrera universitaria. Apunte los datos que pueda en los espacios en blanco.

	CALIFICACIÓN	ASPIRANTE A (CARRERA)	AHORA INSCRITO/A EN (CARRERA)
Ramón Masó	_____	_____	_____
Pamela Llorens	_____	_____	_____

Actividad 2 Preguntas personales

Conteste las siguientes preguntas con información personal.

> MODELO: ¿Cómo se siente Ud. después de un examen? →
> Me siento cansado/a.
> o Me siento contento/a.

1. ...   2. ...   3. ...   4. ...   5. ...   6. ...   7. ...   8. ...   9. ...

Las carreras y las profesiones

DE ENTRADA

Before starting the tape, do Exercise A of the **De entrada**.

A. The most important aspect of your career is, of course, finding and keeping a job. Unemployment (**el paro, el desempleo**) in Spain was severe in the early 1990s, as the graphic illustrates.

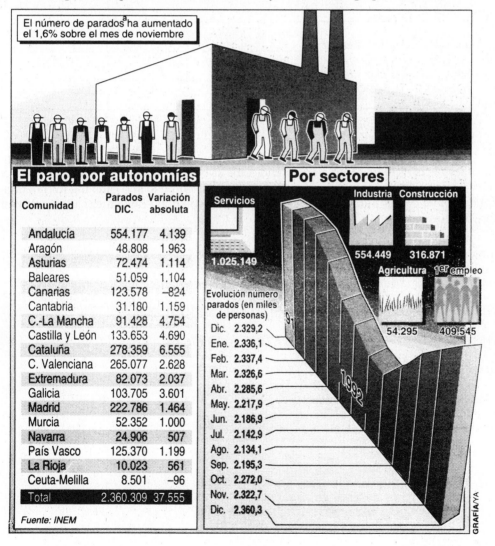

El número de parados[a] ha aumentado el 1,6% sobre el mes de noviembre

El paro, por autonomías

Comunidad	Parados DIC.	Variación absoluta
Andalucía	554.177	4.139
Aragón	48.808	1.963
Asturias	72.474	1.114
Baleares	51.059	1.104
Canarias	123.578	−824
Cantabria	31.180	1.159
C.-La Mancha	91.428	4.754
Castilla y León	133.653	4.690
Cataluña	278.359	6.555
C. Valenciana	265.077	2.628
Extremadura	82.073	2.037
Galicia	103.705	3.601
Madrid	222.786	1.464
Murcia	52.352	1.000
Navarra	24.906	507
País Vasco	125.370	1.199
La Rioja	10.023	561
Ceuta-Melilla	8.501	−96
Total	2.360.309	37.555

Fuente: INEM

Por sectores

Servicios 1.025.149

Industria 554.449

Construcción 316.871

Agricultura 54.295

1er empleo 409.545

Evolución número parados (en miles de personas)

Dic.	2.329,2
Ene.	2.336,1
Feb.	2.337,4
Mar.	2.326,6
Abr.	2.285,6
May.	2.217,9
Jun.	2.186,9
Jul.	2.142,9
Ago.	2.134,1
Sep.	2.195,3
Oct.	2.272,0
Nov.	2.322,7
Dic.	2.360,3

GRAFÍA/YA

[a]unemployed

1. The left-hand side of the graphic lists unemployment figures by autonomous communities (**comunidades autónomas**). Do you recognize the communities' names? Read them aloud. Which of the autonomous communities has the most unemployment? _____ _____ The least? _____

2. In which communities has the unemployment rate dropped? _____ _____

3. The graph on the right shows monthly unemployment figures over the course of a year. During which months was unemployment highest? _____ Lowest? _____ Can you speculate about why unemployment might have dropped during those months?

4. Which of the various job sectors at the upper left and right corners have English cognates? _____

   What do you think **1ᵉʳ empleo** means? _____

5. Which job sector has the highest rate of unemployment? _____ The lowest? _____

B. Now listen to a short radio report containing the figures indicated below, among others. Some are given as numbers, others as percentages (**por ciento**), and some as both numbers and percentages. Check the numbers and/or percentages you think you hear. Remember: listening to and catching numbers is difficult. Listen carefully and concentrate, but don't be frustrated if you don't catch them all. Read all of the numbers before beginning.

1. total de desempleados en España: ☐ 12.360.309   ☐ 2.360.309   ☐ 12.370.309

2. en los sectores de: ☐ industria   ☐ educación   ☐ construcción   ☐ servicios

   parados del sexo masculino: ☐ 101.000   ☐ 111.100   ☐ 100.100

   parados del sexo femenino: ☐ 77.000   ☐ 67.000   ☐ 616.700

3. Comunidad de Aragón, aumento de: ☐ 4,5%   ☐ 45%   ☐ 5,4%

4. Comunidad de Madrid, total de la población: ☐ 2%   ☐ 12,2%   ☐ 12%   ☐ 1,2%

5. Comunidades de Castilla-La Mancha, La Rioja, aumento de: ☐ 5,5%   ☐ 15,15%   ☐ 15,5%

Name_____ Date_____ Class_____

PRONUNCIACIÓN

Carefully read the following descriptions of the Spanish **r**-sounds before proceeding to the pronunciation drills.

Spanish has two sounds represented by the letter **r**, and one of these is also represented by the **erre** or **rr**. These two sounds are most frequently referred to as tap (as in **para**) and trill (as in **corro**), or as **vibrante sencilla** and **vibrante múltiple**, respectively. Keep the following three points in mind.

1. The simple tap, always spelled **r**, is roughly equivalent to the flapped *t*- or *d*-sound common in American English. For example, *pot o'tea* is remarkably similar to **para ti**. A phrase like *better they* closely approximates **verde**. If you pronounce *meter*, *Carter*, or *leader* as if you were either a Southerner or an Easterner, they will sound like Spanish **mira**, **cara**, and **lira**. *Otter cove*, minus the *v*-sound, resembles **arco**. If you say *today's* very quickly, it approximates **tres.**
   It is important to remember that none of the equivalent English sounds is represented by the letter **r**. If you have trouble pronouncing Spanish **r**-sounds, at least some of that difficulty may be the product of the influence of spelling on your pronunciation. To overcome the interference of letters with sounds, use the taped exercises and focus on the sounds of common words, not their spelling.
2. Both **r** at the beginning of a word and **rr** elsewhere, are pronounced alike: **costarricense** and **Costa Rica** have the same **r**-sound, which is always pronounced differently from the tap **r** (*pot o' tea*/**para ti**) described above. Generally, this sound is the trill or **vibrante múltiple**: **costarricense, Costa Rica**. In some regions, however, other sounds are used. In fact, in some dialects **ropa** might sound more like **sopa**, and in others, **Ramón** might sound more like **jamón**. It is important to be able to recognize the latter two pronunciation styles, but you should not imitate it.
3. It is important for you to distinguish between the sounds generally represented as a tap (or **vibrante sencilla**) and a trill (or **vibrante múltiple**): the difference in pronunciation of **r** and **rr** in the middle of some pairs of words is crucial to distinguishing between **coro**/**corro** and **pero**/**perro**. But if you find the trill difficult to produce, you must at least pronounce these sounds differently, especially in word pairs like those above. In general, if you can pronounce the tap (*pot o' tea*/**para ti**), a little practice is all that it will take to pronounce the trill.

Practice pronouncing the following words.

tap **r** (as in *pot o' tea*)	tap **r** (as in *better they*)	tap **r** (as in *otter cove*)	tap **r** (as in *today's*)
para	verde	arco	tres
cara	arde	marco	trece
Sara	guarde	marca	tren
cera	cobarde	merca	treinta
cero	orden	cerca	trama
mero	borde	terca	traje
mora	acorde	turca	trágico
Dora		turco	tránsito
dura		surco	
pura			

Now listen to and pronounce the following contrasting pairs of words. The first word in each pair should be pronounced with the tap **r**, the second with the trilled **r**.

coro	corro		ahora	ahorra
pero	perro		cero	cerro
toro	torre		oro	horro
era	erra		mira	mirra
ere	erre			

Capítulo 9 **99**

PALABRAS EN CONTEXTO

Presentación A • Las carreras y los oficios

Actividad 1   ¿Quién es taxista?

Escuche las declaraciones y escriba el nombre del individuo descrito debajo del dibujo apropiado.

> MODELO: Gregorio es taxista. → Dibujo número 2, Gregorio

1. _____   2. _____*Gregorio*_____   3. _____

4. _____   5. _____   6. _____

7. _____   8. _____

Actividad 2   ¿Qué es Gregorio?

Basándose en los dibujos de la actividad anterior, conteste las preguntas según el modelo.

> MODELO: ¿Qué es Gregorio? → Gregorio es taxista.

1. ...   2. ...   3. ...   4. ...   5. ...   6. ...   7. ...

NOTA CULTURAL

Many Latin American countries are working to increase the rate of literacy not only as an educational goal, but as a social, economic, and political one The efforts of Fidel Castro in Cuba were extremely successful, and literacy improved the lives of hundreds of thousands of Cubans. Literacy programs were also a priority in Nicaragua after the Sandinista revolution. In the 1960s and 1970s Mexico extended educational opportunities into even the most remote communities, while El Salvador, even though it tripled educational budgets and school populations in recent decades, still has a long way to go before meeting its literacy goals. For many in these countries, blue-collar jobs are preferable to agricultural or subsistence jobs, and education is an important prerequisite.

Actividad 3   ¿Quién dice esto?

Conteste las preguntas con la profesión o el oficio apropiado.

MODELO: 1. Tome dos aspirinas y llámeme mañana. → Un médico.

_____ banquero   _____ mesero

_____ profesor   _____ bibliotecario

_____ sicólogo   __1__ médico

_____ vendedor

Presentación B • ¿Qué le importa en una carrera?

Actividad 4   Trabajos de verano

Escucha los anuncios de tres trabajos de verano. Apunte los datos en los espacios apropiados.

PUESTO NÚMERO 102

Horas: _____ Sueldo: _____

Experiencia: _____

Trabajo: _____

_____

PUESTO NÚMERO 103

Horas: _____ Sueldo: _____

Experiencia: _____

Trabajo: _____

_____

PUESTO NÚMERO 109

Horas: _____ Sueldo: _____

Experiencia: _____

Trabajo: _____

_____

Actividad 5   ¿Cómo es aquel trabajo?

Escuche los comentarios de Mateo sobre los trabajos descritos en la actividad anterior. ¿Son ciertos o falsos?

	CIERTO	FALSO			CIERTO	FALSO
1.	☐	☐		5.	☐	☐
2.	☐	☐		6.	☐	☐
3.	☐	☐		7.	☐	☐
4.	☐	☐		8.	☐	☐

Actividad 6   Algunos estudiantes buscan trabajo

Ahora, escuche a cuatro estudiantes mientras describen el trabajo que prefieren, la experiencia que tienen y lo que para ellos es importante en un trabajo de verano.

Nombre: _____*Marialice Rivas Herranz*_____ Educación: _____*tercer año de ciencias*_____

Preferencias: _____*trabajar sola; ciencias; ayudar a la gente*_____

Experiencia: _____*en el laboratorio de química; en un proyecto del profesor Martín*_____

Nombre: _____*Rosaura Miramontes Salcedo*_____ Educación: _____

Preferencias: _____

Experiencia: _____

Nombre: _____*Rafael Velázquez Fondo*_____ Educación: _____

Preferencias: _____

Experiencia: _____

Nombre: _____*Margarita Fernández*_____ Educación: _____

Preferencias: _____

Experiencia: _____

Presentación C • Buscando empleo

Actividad 7   Los primeros pasos

Escuche las descripciones y escriba el nombre del (de los) individuo(s) descrito(s) al lado de la letra apropiada.

MODELO: Antonia está escribiendo a máquina su currículum. → Antonia, d.

a.   _____

b.   _____

c.   _____

d.   _____

e.   _____

f.   _____

Actividad 8   ¡Un empleo muy interesante!

Lea con atención el anuncio publicado en un periódico de Costa Rica y conteste las preguntas. Hay que contestar algunas preguntas con información específica del anuncio; otras preguntas se pueden contestar sí o no.

MODELO: ¿Es importante hablar más de un idioma? →
Es requisito tener conocimiento de más de un idioma.

Esta estrella puede hacer sus sueños realidad

Si desea superarse, vacacionar en la playa y ganar dinero vendiendo arena, sol y mar todo en uno, somos la estrella de mar que hará que sus deseos se cumplan. Trabaje en nuestra empresa[a] turística como

EJECUTIVO EN VENTAS Y MERCADEO

Comuníquese con nosotros, si tiene:
• Educación universitaria
• Preferible experiencia en ventas
• Dominio en más de un idioma
• Vehículo propio
• Buenas referencias
• Dedicación exclusiva

Para citas llame al teléfono 33-6472 de 8:30 a.m. a 12 m. y de 1:00 p.m. a 5:00 p.m.

[a]*company*

1. ...   2. ...   3. ...   4. ...   5. ...   6. ...

ESTRUCTURAS EN CONTEXTO

37. Activities in progress: The Present Progressive Tense

Actividad 1   ¿Qué están haciendo?

Escuche la pregunta y luego una indicación (un sonido relacionado con el ambiente) correspondiente.
Conteste las preguntas, según el modelo.

MODELO: ¿Qué está haciendo Jorge? → Jorge está nadando.

ACTIVIDADES

1. Marina   afeitarse
2. Gregorio   ducharse y cantar
3. Santiago   escribir a máquina
4. Eleta y Bárbara   estudiar español
5. Pamela   jugar al tenis
6. Tito   pasar la aspiradora

Actividad 2   Javier necesita empleo

Escuche las descripciones de lo que hace Javier y escriba el número de la descripción debajo del dibujo
apropiado.

MODELO: Javier está preparando su currículum. → Dibujo b.

a. _____

b. _𝑚_

c. _____

d. _____

e. _____

38. Direct Objects and Direct Object Pronouns

Actividad 3 ¿Qué hace Javier?

Usando los pronombres de objeto directo apropiados y basándose en las indicaciones dadas, conteste las siguientes preguntas.

MODELO: ¿Qué hace Javier con su currículum? (preparar) → ¿El currículum? Lo prepara.

1. escribir a máquina
2. leer
3. apuntar
4. escribir a máquina
5. llenar
6. entregar

Actividad 4 Preparándose para la entrevista

Imagínese que un amigo le está ayudando a prepararse para una entrevista en otra ciudad. Conteste sus preguntas, basándose en la lista.

MODELO: ¿Tienes la agenda? → Sí, la tengo.

○	agenda ✓
	direcciones ✓
	anuncios
	traje nuevo ✓
	cartas de recomendación ✓
	número de teléfono del consejero
	copias del currículum ✓
	nombre del jefe de personal
	solicitudes ✓
○	

39. Telling What Happened: **tener** and Other Irregular Preterites

Actividad 5 ¿Qué hizo Javier?

Ahora, explique lo que hizo Javier, basándose en los dibujos de la **Actividad 2**.

MODELO: (Dibujo letra c.) ¿Qué hizo Javier? → Javier preparó su currículum.

1. ... 2. ... 3. ... 4. ... 5. ...

Actividad 6 Consejos para buscar trabajo

Escuche las indicaciones que da el Centro Universitario de Colocaciones y escriba lo que oye.

MODELO: 1. Es importante considerar los propios intereses.

ANTES DE SOLICITAR EMPLEO

1. _____*considerar los propios intereses*_____

2. _____

3. _____

4. _____

5. _____

AL SOLICITAR EMPLEO

6. _____

7. _____

8. _____

PARA LA ENTREVISTA

9. _____

10. _____

11. _____

12. _____

Actividad 7   ¡Margarita tuvo éxito!

Margarita siguió todos los consejos de la actividad anterior y tuvo éxito: consiguió un puesto. Usando el pretérito y basándose en la lista de la actividad anterior, explique lo que hizo.

MODELO: 1. ¿Qué hizo Margarita antes de solicitar empleo? → Consideró sus propios intereses.

1. ...   2. ...   3. ...   4. ...   5. ...   6. ...   7. ...   8. ...

40. *Vista previa* • Exerting influence

Actividad 8   Aun más consejos

Escuche los consejos que le dan a Mauricio sus padres cuando comienza a buscar empleo. Indique el orden de los consejos.

_____ pedirles cartas de recomendación a los profesores

_____ comprar un traje nuevo

_____ llegar a tiempo

_____ hablar con el jefe de personal de la empresa

_____ afeitarse la barba

_____ ponerse el nuevo traje y una corbata

_____ preparar y mandar el currículum

_____ escribir una carta de agradecimiento después de la entrevista

_____ no estar nervioso

LECCIÓN EN CONTEXTO

Actividad 1   Empleos

Escuche las siguientes descripciones de empleos. Desafortunadamente, el nombre de los puestos no se oye bien. ¿Cuáles son los puestos? Escriba el número de la descripción en el espacio apropiado. Antes de comenzar, prepárese escribiendo algunas palabras clave, como sustantivos y verbos asociados con estos empleos.

PALABRAS CLAVE

_____ mensajero   _bicicleta_____

_____ secretaria   _escribir a máquina_____

_____ cocinero   _____

_____ periodista   _____

_____ representante de ventas _____

_____ ingeniero industrial _____

_____ programador   _DOS_____

_____ enfermero   _____

Actividad 2   Más en serio

Ahora escuche tres de las descripciones de la actividad anterior otra vez y apunte todos los datos posibles en los espacios apropiados.

EMPLEO: _____*secretaria ejecutiva*_____ Tipo de negocio: _____

Educación: _____ Experiencia _____

Requisitos: _____

_____

EMPLEO: _____*enfermero o enfermera*_____ Tipo de negocio: _____

Educación: _____ Experiencia _____

Requisitos: _____

_____

EMPLEO: _____*representante de ventas*_____ Tipo de negocio: _____

Educación: _____ Experiencia _____

Requisitos: _____

_____

Actividad 3   Preguntas personales

Conteste las siguientes preguntas con información personal.

MODELO: ¿Qué profesión le interesa más?   →   Me interesa más la medicina.
o Quiero ser cocinero.

1. ...   2. ...   3. ...   4. ...   5. ...   6. ...

CAPÍTULO 10

El recreo: participando y observando

DE ENTRADA

Before starting the tape, do Exercise A of the **De entrada**.

A. When Barcelona hosted the Olympic Games in 1992, many new facilities were constructed. The graphic below shows the main stadium. Study it and answer the following questions:

EL ESTADIO OLÍMPICO

1 Tunel del maratón.
2 Área de prensa.
3 Salida que los atletas usarán tras laceremonia de entrega de medallas.
4 Centro de control técnico.
5 Asientos para VIP's.
6 Entrada para los atletas.
7 Zona de lanzamiento de martillo.
8 Zona de lanzamiento de jabalina.
9 Pista sintética.
10 Salto de longitud y triple salto.

11 Salto con pértiga.
12 Podio de medallas.
13 Salida y llegada de las carreras de pista.
14 Salto de altura.
15 Puerta de mantenimiento.
16 Pantalla de video.
17 Marcador eléctrónico.

18 Entrada de VIP's con pase.
19 Zona de calentamiento de los atletas y vestuarios (subterráneos).
20 Entrada principal al estadio.
21 Puerta antigua para el maratón.
22 Antorcha olímpica

La antorcha olímpica se encenderá cuando el arquero dispare una flecha encendida a través de un área impregnada de gas

Altura 24 metros

Trayectoria de la flecha. Distancia 70 metros

Arquero

Total asientos	65.000
Público	45.000
Atletas	10.000
Patrocinadores	2.400
Medios de comunicación	2.000
Organizadores (COOB)	2.000
Organizadores (COI)	2.000
VIP's	1.600

REUTER

1. What was the stadium designed for? _____ How many seats does it have? _____ What number indicates the main entrance? _____

2. What non-athletic events were scheduled for that stadium? _____

3. The numbers 9–11 and 14 indicate the sites for field and track events. Can you identify any of them? _____

4. What number indicates where the press was seated? _____ VIPs? _____

5. What number indicates where the athletes entered? _____ Where they received their medals? _____ The location of their dressing rooms? _____

B. Listen to the announcement for the World Cup Windsurfing Championships (**Copa del Mundo de Windsurf**) held in the Canary Islands. Listen to see whether you can catch any of the following information:

1. The dates of the competition: _____

2. The nationality of any of the competitors: _____

3. The name of the island or the beach where they were held: _____

4. The names of any of the events that make up the competition: _____

PRONUNCIACIÓN

The letter **j** and the letter **g** followed by **e** or **i** are pronounced the same. Depending on region, that sound can range from one like *h* in *history* to one you might make clearing your throat. Practice by listening to and repeating the following words.

antropología	jueves
arqueología	jugo
biología	junio
sicología	julio
sociología	debajo
ingeniero	espejo
agenda	garaje
gente	mejor
gimnasio	ojo
Gerardo	trabajo
joven	Josefina

In a few words, the letter **x** is pronounced like **j** or **g** followed by **e** or **i**. Listen to and repeat the following words.

México	Oaxaca
mexicano	oaxaqueño

In some words, **x** is pronounced like *s* or *ks*. Listen to and repeat the following words.

boxeo	examen	máximo	sexo
exacto	flexible	próximo	sexto

Actividad   Repaso: las sílabas tónicas

Remember the norms for stress?

1. Words that end in a vowel, **n**, or **s** are normally stressed on the next to the last syllable.
2. Words that end in any other consonant are normally stressed on the last syllable.

Any word whose pronunciation departs from these two patterns carries a written accent on the stressed syllable.

Now that you have learned the preterite tense of regular verbs, you know that the difference between stressed syllables in forms like **hablo** and **habló** is an important one. The following list of words is given without any necessary accent marks. Listen as these words are pronounced, and underscore the stressed (or loudest) syllable.

ha-blo	na-do	tra-ge-dia	a-cua-ti-co
can-to	me-son	his-to-ri-cos	es-qui
o-yo	cla-si-ca	ca-ba-llo	pe-li-cu-las
tu-vo			

Now, using the norms, decide which, if any, of the words should have a written accent on the vowel of the stressed syllable. When you have done this, listen to the list again. The answers will be given.

PALABRAS EN CONTEXTO

Presentación A • El bienestar y el ejercicio físico

Actividad 1   ¿Quién está practicando un deporte?

Escuche las siguientes descripciones y escriba debajo del dibujo apropiado el nombre de la persona descrita.

MODELO: Jorge está jugando al beisbol. → Dibujo 1, Jorge.

1. _____*Jorge*_____   2. _____   3. _____

4. _____   5. _____

Actividad 2   Deportes particulares

Lea la lista de deportes y tipos de ejercicio físico con atención y conteste las preguntas según el modelo.

> MODELO: ¿Qué deportes se practican en el mar? →
> Se practican el esquí acuático, la natación, el windsurf y el buceo.

el buceo	andar en bicicleta	jugar al básquetbol
el esquí	correr	jugar al fútbol
la esquí acuático	hacer ejercicio aeróbico	jugar al golf
la natación	levantar pesas	jugar la tenis
el windsurf	montar a caballo	jugar al voleibol
	navegar en velero	
	patinar	

1. ... 2. ... 3. ... 4. ... 5. ... 6. ...

Presentación B • El cine y el teatro

Actividad 3   Una noche fantástica

Responda a las oraciones según el modelo.

> MODELO: Anoche vi *Swan Lake*. → ¡Ah! ¡Fuiste al ballet!

1. ... 2. ... 3. ... 4. ... 5. ... 6. ... 7. ... 8. ...

Actividad 4   ¿Qué película me recomiendas?

Escuche los comentarios y responda con una sugerencia tomada de la lista. Antes de comenzar, lea la lista de películas con atención.

MODELO: A mí me gustan las películas románticas. → Pues, debes ver *Cactus*.

EL FANTASMA Y LA SEÑORA MUIR

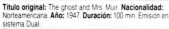

16:40 h. COMEDIA... en una vieja casa

Título original: The ghost and Mrs. Muir. **Nacionalidad:** Norteamericana. **Año:** 1947. **Duración:** 100 min. Emisión en sistema Dual.
Director: Joseph L. Mankiewicz. **Intérpretes:** Gene Tierney, Rex Harrison, George Sanders, Edna Best, Natalie Wood.

El capitán Gray, muerto hace ya muchos años, y que fue uno de los últimos en patronear los románticos veleros que hacían la ruta de las Indias, se ha empeñado en que su vieja casona La Gaviota, levantada en la cima de un acantilado, permanezca para siempre vacía y tal como él la dejó. Pero la señora Lucía Muir, viuda y con una hija, se ha empeñado en alquilarla y al capitán no le queda otro remedio que volver a adquirir envoltura carnal para intentar convencer a la guapa viuda de que desista de su propósito. No lo consigue. Y además está el agravante de que el fantasma se enamora de su inquilina.

JESSE

15:30 h. DRAMA... con una enfermera

Nacionalidad: Norteamericana. **Año:** 1988. Color.
Director: Glenn Jordan. **Intérpretes:** Lee Remick, Albert Salmi, Kevin Conway.

En un pequeño pueblo del centro de Estados Unidos, una enfermera llamada Jesse receta y cura a los enfermos sin tener licencia para practicar la medicina.

CACTUS

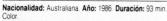

1:25 h. DRAMA... y amor

Nacionalidad: Australiana. **Año:** 1986. **Duración:** 93 min. Color.
Director: Paul Cox. **Intérpretes:** Isabelle Hupper, Robert Menzies, Norman Kaye, Monica Maughan Banduk Marika.

Una mujer se dirige a Australia para visitar a unos amigos, pero sufre un accidente que le provoca una irreversible lesión en los ojos. A punto de la ceguera total, conoce a un hombre invidente, con el que entabla una amistad, qué dará paso a una entrañable y apasionada historia de amor...

VENGANZA

2:30 h. OESTE... y terrible tortura

Título original: Vengeance. **Nacionalidad:** Italiana. **Año:** 1968. **Duración:** 90 min. Color.
Director: Anthony Dawson. **Intérpretes:** Richard Harrison, Claudio Camaso.

El protagonista de la película es un *sheriff* que cae en una emboscada preparada por una banda de forajidos. Éstos le someten a una terrible tortura durante varias horas. Finalmente, deciden abandonarle en mitad del desierto dándole por muerto, sin saber que aún sigue con vida.

UNA LAGARTIJA CON PIEL DE MUJER

2:30 h. INTRIGA... y misterioso asesinato

Título original: Lucertola con pelle du donna.
Nacionalidad: Hispano-franco-italiana. **Año:** 1971.
Duración: 92 min. Color.
Director: Lucio Fulci. **Intérpretes:** Florinda Bolkan, Stanley Baker, Jean Sorel, Alberto de Mendoza.

Una mujer casada consulta con un psiquiatra un sueño que se repite constantemente: mata a puñaladas a una vecina. De pronto, una mañana, su vecina aparece asesinada y todo apunta a que ella ha sido la autora.

EL GRAN ASALTO AL TREN

15:30 h. AVENTURAS... y robo de oro

Título original: The great train robbery. **Nacionalidad:** Norteamericana. **Año:** 1979. **Duración:** 111 min. Color.
Director: Michael Crichton. **Intérpretes:** Sean Connery, Donald Sutherland, Lesley-Anne Down, Alan Webb, Wayne Sleep.

En plena guerra de Crimea, en el año 1855, el Ejército británico decide enviar refuerzos al campo de batalla por vía ferroviaria. Edward Pierce ha planeado un minucioso plan para hacerse con los valiosísimos lingotes de oro que transporta el tren. El único problema es que tiene que localizar un juego de llaves, en custodia de cuatro hombres. Para llevar a cabo el asalto, Edward cuenta con Miriam, su novia, y con Agar, un ágil y experimentado ladrón...

UNA FLOR SALVAJE

22:00 h. DRAMA... de una joven maltratada

Título original: Wildflower. **Nacionalidad:** Norteamericana. **Año:** 1991. Color.
Director: Diane Keaton. **Intérpretes:** Beau Bridges, Patricia Arquette, Susan Blakely, William McNamara, Reese Witherspoon.

Un grito desesperado lleva a la joven Ellie hasta un derruido cobertizo al que tiene prohibido acercarse. Lo que allí ve cambia su vida y la de los que la rodean: encerrada dentro, como si de un animal salvaje se tratara, Ellie encuentra a Alice, una muchacha de 17 años, epiléptica y en parte sorda, a la que maltrata su padrino e ignora su madre.

DIRTY DANCING

22:30 h. MUSICAL... y romance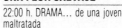

Nacionalidad: Norteamericana. **Año:** 1987. **Duración:** 95 min. Color.
Dirección: Emile Ardolino. **Intérpretes:** Jennifer Gray, Patrick Swayze, Jerry Orbach, Jack Weston.

La joven de 17 años Baby Houserman acompaña a regañadientes a su familia a pasar las vacaciones en un pueblecito. Pronto descubrirá una casa escondida en la que los empleados se divierten todas las noches al ritmo de una música trepidante y sexy conocida como *Dirty dancing*. La joven conocerá a un apuesto profesor de baile.

LEVIATÁN

23:00 h. TERROR... con una manada de perros

Nacionalidad: Española. **Año:** 1984. **Duración:** 85 min. Color.
Director: Clyde Anderson. **Intérpretes:** Alice Cooper, Victoria Vera, Emilio Linder, Carlos Santurio, Pepita James.

Vincent, que comienza a ser famoso como cantante, regresa a casa después de varios años de ausencia. En el camino, él y los amigos que le acompañan descubren que toda la región vive aterrorizada por una manada de perros que en los últimos días ha matado a varias personas.

Presentación C • Otras diversiones

NOTA CULTURAL

Spaniards and Latin Americans are rediscovering their traditional folk music. In Spain, although **flamenco** (which features the guitar) has been popular for centuries, newer groups like the Gypsy Kings are bringing the beauty of flamenco to wider audiences and a **Festival del Flamenco** occurs annually. Similarly, Andean musicians are awakening a consciousness of the uniqueness of indigenous rhythms and instruments (such as the cane flute or **quena,** cane panpipes or **zampoñas,** and a stringed mandolin-like instrument called the **charango**) around the globe. And few countries have escaped the successive waves of Carribean beats (which feature drums, maracas, marimbas, and numerous other percussion, brass, and string instruments) which have emanated from the islands: mambo, rhumba, conga, and merengue. The next time you listen to the radio, listen for echos of the Hispanic world.

Actividad 5   Algunos discos nuevos

Escuche las siguientes reseñas (*reviews*) de discos y apunte la información en los espacios en blanco.

Título: _____   Conjunto/Cantante: _____*Chaquetón*_____

Tipo de música: _____   Instrumentos: _____

Título: _____   Conjunto/Cantante: _____*Dizzy Gillespie*_____

Tipo de música: _____   Instrumentos: _____

Título: _____   Conjunto/Cantante: ___*Paquita la del Barrio*___

Tipo de música: _____   Instrumentos: _____

ESTRUCTURAS EN CONTEXTO

41. Indirect Objects and Indirect Object Pronouns

Actividad 1   A ciegas: Algunas recomendaciones

A. Basándose en la información del cuadro, conteste las siguientes preguntas.

MODELOS: ¿Qué les recomendó Juan a sus amigos? → Juan les recomendó una pieza teatral.

¿Qué precio de entrada les estimó Juan? → Juan les estimó $22.

	JUAN	CARLOTA	MARISA Y CLARISA	ANA Y EVITA	GREGORIO
recomendación	pieza teatral	1. _____	concierto en el parque	ópera	2. _____
precio estimado	$28	$22	3. _____	$36	4. _____

B. Ahora, haga preguntas en orden numérico para llenar los espacios en blanco con la información correcta.

MODELO: 1. ¿Qué les recomendó Carlota a sus amigos? → Carlota les recomendó el ballet.

42. More on Telling What Happened: More Irregular Preterites

Actividad 2   ¿Qué hizo Ud. el fin de semana pasado?

Escuche lo que hicieron Luisa, David, Judite, Rosaura, Marcos y Jorge y escriba el nombre de cada uno debajo del dibujo apropiado.

a. _____

b. _____

c. _____

d. _____

e. _____

f. _____

Actividad 3   Ahora lo sé todo

Basándose en los dibujos de la actividad anterior, conteste las preguntas.

> MODELO: ¿Quién vio *Bodas de sangre*? → Rosaura vio *Bodas de sangre*.

1. ...   2. ...   3. ...   4. ...   5. ...   6. ...

Actividad 4   Un amigo muy preguntón

Conteste las preguntas según el modelo.

> MODELO: ¿Vas a leer el periódico? → No. Leí el periódico ayer.
> ¿Y Elena? → Ella también leyó el periódico ayer.

1. ...   2. ...   3. ...   4. ...   5. ...   6. ...

43. Talking About the Circumstances Surrounding an Event in the Past: Forms of the Imperfect

Actividad 5   ¿Qué tiempo hacía cuando... ?

Escuche las siguientes narraciones y ponga el número de la descripción al lado del dibujo apropiado.

  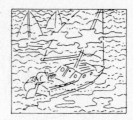 

a. _____   b. _____   c. _____   d. _____

Actividad 6   Ahora sé las circunstancias

Basándose en los datos obtenidos en la actividad anterior, conteste las siguientes preguntas.

> MODELO: ¿Qué tiempo hacía cuando Rogelio tuvo su accidente?   →
> Llovía y había mucho viento.

1. ...   2. ...   3. ...

Actividad 7   ¿Qué hacía cuando comenzó a llover?

Conteste las preguntas sobre lo que hacía la persona mencionada, basándose en las indicaciones escritas. Siga el modelo.

> MODELO: ¿Qué hacía Miguel cuando comenzó a llover? (correr) → Corría.

1. comprar los billetes
2. andar en bicicleta
3. levantarse
4. escribir cartas
5. ducharse
6. vestirse
7. ir a la biblioteca
8. hacer jogging

44. *Vista previa* • Telling What Happened and Describing the Circumstances

Actividad 8   ¿Qué pasó?

Escuche a María Montes mientras describe lo que le pasó el martes pasado. Escriba el número de cada evento que describe debajo del dibujo apropiado.

a. _____   b. _____   c. _____   d. _____

e. _____   f. _____

LECCIÓN EN CONTEXTO

Actividad 1   Una fiesta en casa de Rosa

A. Escuche la descripción que Toni le hace a José de la fiesta de Rosa. Antes de escuchar, considere los asuntos de que dos jóvenes pueden hablar en una conversación de este tipo. ¿Cuáles de estos asuntos considera Ud. apropiados?

☐ invitados   ☐ comidas   ☐ horas   ☐ ambiente

☐ motivo de la fiesta   ☐ actividades de los invitados   ☐ tipo de música   ☐ relaciones amorosas

Ahora, escuche para captar los datos indicados.

1. número de invitados _____

2. quién dio la fiesta _____

3. lugar de la fiesta _____

4. hora de la llegada de Bartolomé _____

5. hora cuando terminó la fiesta _____

B. Dé marcha hacia atrás a la cinta y escuche otra vez. Apunte los nombres de los individuos responsables en los espacios en blanco.

1. _____ no vino a la fiesta.

2. _____ bailaba con Elisa.

3. _____ llegó borracho.

4. _____ se enfadó.

5. _____ le dió un golpe en la cara a _____.

6. _____ le golpeó a _____ con una lámpara.

7. _____ comenzó a gritar.

8. _____ tocó a la puerta.

9. _____ llamó a la policía.

10. _____ salió con Bartolomé.

Actividad 2   Preguntas personales

Conteste las siguientes preguntas con información personal.

> MODELO: ¿Qué deporte practica Ud. durante el verano? →
>   Durante el verano nado y ando en bicicleta.

1. ...   2. ...   3. ...   4. ...   5. ...   6. ...   7. ...   8. ...

CAPÍTULO 11

¡Vámonos de compras!

DE ENTRADA

Before starting the tape, do Exercise A of the **De entrada**.

A. One of the major department stores in Madrid offers the following services especially for tourists. Read the "passport service" brochure and answer the following questions.

NUMERO: _____

Sólo nosotros le ofrecemos algo así:

SU PASAPORTE
VALE DINERO EN GALERIAS

Galerías es la Cadena de Grandes Almacenes más innovadora de España. Por eso Galerías quiere recibir a lo grande al Turismo internacional.

Y para ello ha creado un servicio único: "PASSPORT SERVICE." Exclusiva atención VIP para el turista.

Una suma increíble de ventajas que hacen sus compras más agradables. Y más rentables. Porque, **además del TAX FREE, le ofrecemos un extraordinario descuento.**

Ahora que llega a España. No lo dude, visítenos. Podemos ofrecerle todo lo que usted desea: moda, cosmética, porcelanas, souvenirs, artículos de piel... Y podemos ofrecerle algo más.

La atención especial que Galerías quiere dispensarle a usted.

Si usted visita España. SU PASAPORTE VALE DINERO EN GALERIAS.

Solicite la Tarjeta de Compras PASSPORT SERVICE en el Departamento Servicio al Cliente.

 CAMBIO DE MONEDA EXTRANJERA EN COMPRAS REALIZADAS. PAGO CON TARJETA DE CREDITO.

 ENVIO DE MERCANCIAS A SU HOTEL O DOMICILIO EN MENOS DE 24 HORAS

 MENU TURISTICO

 10% 10 % DE DESCUENTO EN EL ACTO

Menos: concesionarios, tabacos, servicios especiales o mercancías en oferta.

 INFORMACION TURISTICA

 INTERPRETES

 2 HORAS DE PARKING GRATUITO

1. A ten percent discount is offered in most departments. What do you think **en el acto** means?

   _____

2. Can tourists change dollars to Spanish pesetas? _____

3. Are credit cards mentioned? _____

4. What symbol and what term are used for interpreters? _____

5. If you don't want to carry your purchases, what options are available?

   _____

6. Does the store have a restaurant? _____ Parking? _____ Is there a beauty salon? _____ A ticket

   agency? _____ A travel agency? _____

Which of these services would you use? _____

B. Now listen to a radio announcement for American Express. What are the advantages to using your American Express card when you shop? Some possible advantages are listed below. Relying on cognates, can you tell what they are? Listen to the announcement and check the items you hear mentioned.

☐ sin límite de gasto   ☐ asistencia disponible 24 horas al día   ☐ oferta especial

☐ tres meses de seguro a un precio reducido   ☐ descuentos en restaurantes y hoteles

☐ tarjeta aceptada en oficinas American Express   ☐ seguro gratuito de compra

☐ recomendable viajar con tarjeta American Express   ☐ muchas oficinas mundiales

Which of these benefits or advantages would be most important to you? _____

_____

PRONUNCIACIÓN

Because Spanish is spoken on virtually every continent, regional pronunciation differences are inevitable. Two of the most common have to do with the pronunciation of the following letters: (1) **ll** and **y**, and (2) **s** and the letter **z** or the letter **c** followed by **e** or **i**. In Mexico and other areas, these groups of letters are pronounced similarly.

calló	olla	sierra	casa
cayó	hoya	cierra	caza

In others areas—for example, in parts of Spain—each letter (or combination) represents a different sound. Listen again.

calló	olla	sierra	casa
cayó	hoya	cierra	caza

You may want to practice the pronunciation preferred by your instructor, using the lists that follow. If not, proceed with this activity. First, practice pronouncing words that contain the letter **z** or the letter **c** followed by **e** or **i** as they are pronounced in most parts of Spain. These letters are pronounced like English *th* in *think*.

almuerzo	feliz	vez	cerveza	gracias
cabeza	izquierda	zapato	cocina	hace
comenzar	lápiz	cena	decir	noticias
conozco	luz	cerca	divorcio	once
diez	manzana	cerrar	edificio	trece

Note also that the different forms of a word will be spelled with either **z** or **c**, depending on the letter that follows: **z** is generally followed only by **a**, **o**, or **u**, rarely by **e** or **i**.

capaz	capaces	vez	veces
feliz	felices	almuerzo	almorcé
lápiz	lápices	comienza	comience
luz	luces		

Depending on the region, the **ll** can be pronounced like the *s* of *leisure* and *pleasure* (parts of Argentina), or less commonly, like *lli* in *million* (parts of Spain and Bolivia). You may want to practice the pronunciation preferred by your instructor using the lists that follow. If not, proceed with this activity in which you will hear this letter pronounced as it is in most of Spain.

amarillo	calle	llegar	silla
apellido	collar	lluvia	talla
brillante	llamo	mesilla	

PALABRAS EN CONTEXTO

Presentación A • El centro comercial

NOTA CULTURAL

Although most large cities in the Hispanic world have commercial districts, shopping centers, and malls like those found in large U.S. cities, markets remain common. Vendors come from surrounding areas on a daily, weekly, or monthly basis (depending on the size of the city or town) to sell products. Markets are held in the open air, or in large two- or three-story buildings open at the center, and spirited bargaining is common. Local artisans frequently sell at these markets, but in some countries, valued craft items are available in special government-run or cooperative stores. In Mexico City, for example, the government-sponsored FONART stores have a wide selection of high-quality, hand-crafted ceramics and textiles for sale.

Actividad 1 De compras

Escuche el siguiente anuncio del Centro Comercial Apumanque en Santiago, Chile. Indique los artículos de la siguiente lista que se pueden comprar en Apumanque.

○	*zapatos de tenis*
	pelotas de tenis
	suéter de algodón
	plancha
	pendientes para el cumpleaños de mamá
	lámpara para el dormitorio

Actividad 2 ¿Qué es un... ?

Escuche la descripción y ponga el número debajo del dibujo apropiado.

MODELO: 1. Esto es para personas de cualquier edad. Hay que tener un televisor
o computador para usar esto. Sirve para entretener. →
Número 1, juego de vídeo, *video game*

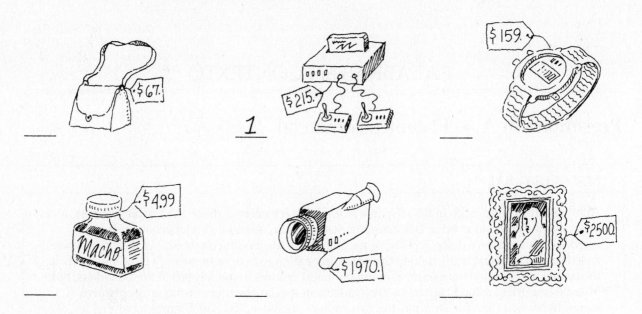

Actividad 3 ¿Cómo? ¿Qué es esto?

Basándose en la información obtenida en la actividad anterior, conteste las siguientes preguntas.

MODELO: 1. ¿Qué es esto? → Es un juego de vídeo.
¿Cuánto cuesta? → Cuesta $215.

Actividad 4 ¿Qué se vende allí?

Conteste las preguntas, diciendo lo que se vende en varias tiendas. Lea la lista con atención antes de escuchar.

MODELO: ¿Qué se vende en una boutique de artículos de cuero (*leather*)? →
Se venden carteras, cinturones y chaquetas.

botas	muñecas
calculadoras	pelotas de básquetbol
cámaras de vídeo	pendientes
cámaras fotográficas	pulseras
cuadros y espejos	relojes despertadores
chaquetas	sandalias
juegos de vídeo	teléfonos celulares
lámparas para escritorio	zapatos

1. ...   2. ...   3. ...   4. ...   5. ...

Presentación B • La ropa y las telas

Actividad 5 ¿Quién vino a la fiesta?

Escuche las descripciones y escriba el nombre de la persona descrita al lado de la letra apropiada.

MODELO: Antonio lleva jeans y botas de vaquero. → a., Antonio.

a. _____Antonio_____

b. _____Rita_____ ①

c. _____Alfonzo_____ ⑤

d. _____Marissa Clarissa_____ ②

e. _____Marcos_____ ④

Rita
Marcos

Actividad 6 ¿Qué llevan?

Basándose en el dibujo de la actividad anterior, conteste las siguientes preguntas.

MODELO: ¿Qué lleva Antonio? → Antonio lleva jeans y botas de vaquero.

1. ... 2. ... 3. .. 4. ...

Actividad 7 ¿Cómo le queda esta talla?

Mire los dibujos con atención y conteste las preguntas basadas en ellos.

MODELO: ¿Cómo le queda el sombrero a Joaquín? → Le queda muy grande.

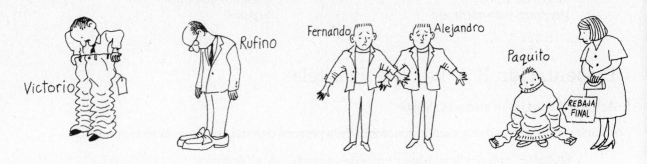

1. ... 2. ... 3. ... 4. ...

Presentación C • Resolviendo los problemas

Actividad 8 En el departamento de reclamaciones

Imagínese que Ud. es asistente al gerente del departamento de reclamaciones. Escuche lo que dicen los clientes atendidos por el gerente y apunte la información relevante en los espacios en blanco.

	CLIENTE A	CLIENTE B
OBJETO COMPRADO:	_____	_____
PROBLEMA		
el objeto comprado no funciona / está roto:	____	____
al cliente no le gusta / no necesita el objeto comprado:	____	____
el objeto comprado no le queda bien:	____	____
otro problema:	_____	_____
SOLUCIÓN		
devolverle el dinero:	____	____
cambiarle el objeto por otro:	____	____
reparar el objeto:	____	____
ofrecerle crédito al cliente:	____	____
llamar al gerente:	____	____

Actividad 9   ¿Qué problemas resolvieron?

Ahora, basándose en los datos obtenidos en la actividad anterior, conteste las siguientes preguntas.

1. ...   2. ...   3. ...   4. ...   5. ...   6. ...

ESTRUCTURAS EN CONTEXTO

45. Telling What Happened: Verbs with StemVowel Changes in the Preterite

Actividad 1   Las malas experiencias

Escuche lo que le dice su colega sobre una mala experiencia. Repita en forma de pregunta lo que su colega dice para verificarlo. Siga el modelo.

> MODELO: Ayer tuve una experiencia horrorosa. → ¿Tuvo Ud. una experiencia horrorosa?

Actividad 2   Una fiesta de sorpresa para Margarita en un restaurante elegante

Imagínese que Ud. fue a un restaurante elegante con algunos amigos para darle una fiesta de sorpresa a su amiga Margarita. Conteste las siguientes preguntas basándose en las indicaciones. Siga el modelo.

> MODELO: ¿Cómo te vestiste? (con elegancia) → Me vestí con elegancia.

1. muy informalmente
2. sorprenderse
3. pollo
4. bife y langosta (*lobster*)
5. champaña

6. torta de chocolate
7. pulsera de plata
8. ¡Mucho!
9. a la una

46. Influencing others: Ud./Uds. Commands

Actividad 3   La Ley del Consumidor y las rebajas (*sales*)

Escuche dos veces los siguientes consejos que proporciona (*provides*) el Servicio Nacional de Consumidores para los que compran durante las rebajas después del Día de los Reyes Magos. La primera vez, indique el orden de los consejos, según la lista de verbos. La segunda vez, apunte algunos detalles sobre las rebajas.

_____ buscar   _____

_____ reclamarse   _____

_____ revisar   _____

_____ pedir   _____

Actividad 4   Un regalo para mamá

Fernando y Alejandro no pueden decidir qué regalo deben comprar para el cumpleaños de su madre. Ayúdeles a decidir, según el modelo.

MODELO: Tal vez unos pendientes... ¿Debemos ir a la joyería?   → Sí. Vayan a la joyería.

1. ...   2. ...   3. ...   4. ...   5. ...   6. ...

Actividad 5   En la tienda

Responda a lo que le dice el dependiente, según el modelo.

MODELO: ¿Pudiera traerle otra talla, por favor?   → Sí, tráigame otra talla.

47. *Vista previa* • Double Object Pronouns

Actividad 6   ¿A quién se lo regaló?

Escuche la conversación entre Simón y su amigo e indique a quién le regaló Simón las cosas de la lista.

REGALOS

_____ pulseras de oro

_____ cartera de cuero

_____ discos compactos

_____ juego de vídeos

_____ reloj

_____ computadora portátil

PARIENTES

a.   Beto y Chico
b.   Julia y Cristina
c.   tío José
d.   Marcos
e.   Bárbara y Clara
f.   Eugenio

LECCIÓN EN CONTEXTO

Actividad 1   Las rebajas

A. Escuche el reporte que se hizo el día 8 de enero por radio: un día después del comienzo de las grandes rebajas que siguen al Día de los Reyes Magos. Antes de escuchar, considere los tipos de información que se pueden incluir en tal reporte. Escuche para captar las ideas generales e indicar la información mejor o la correcta.

1.   Las rebajas comenzaron ayer...
  ☐ a las 10 de la mañana.   ☐ en las 10 pequeñas tiendas.
2.   Estas rebajas son...
  ☐ especiales este año.   ☐ como las de años pasados.
3.   Los consumidores encontraron...
  ☐ verdaderas gangas.   ☐ precios aumentados.
4.   Las rebajas terminan...
  ☐ el primero de febrero.   ☐ fines de febrero.   ☐ en febrero.
5.   Había consumidores en...
  ☐ tres colas ordenadas.   ☐ cola ordenada por tres horas.
6.   Se estimó...
  ☐ que cada consumidor gastó 6 mil pesetas.   ☐ que participaron ayer 6 mil consumidores.

B. Ahora dé marcha hacia atrás a la cinta y escuche una segunda vez para apuntar las cifras (*figures*) y/o los porcentajes indicados.

El ahorro medio: _____

Número de consumidores en cola antes de las 10: _____

Aumento de las ventas: _____

Actividad 2   Los consumidores

Escuche el siguiente comentario cómico sobre los tipos de consumidores, y apunte los aspectos clave que capta en los espacios apropiados.

1. Los adictos _____

_____

_____

2. Los sentimentales _____

_____

_____

3. Los prudentes _____

_____

4. Los sistemáticos _____

_____

_____

5. Los dudosos _____

_____

_____

Actividad 3   Preguntas personales

Conteste las siguientes preguntas con información personal.

MODELO: ¿Adónde le gusta ir de compras? → Me gusta ir a un centro comercial en los suburbios.

1. ...   2. ...   3. ...   4. ...   5. ...   6. ...   7. ...   8. ...

CAPÍTULO **12**

¿Cómo te sientes?

DE ENTRADA

Before starting the tape, do Exercise A of the **De entrada**.

A. The graphic below was published in *El País* during the summer of 1992. Look at it carefully. Relying on the cognates you recognize, as well as illustrations and other contextual cues, answer the following questions.

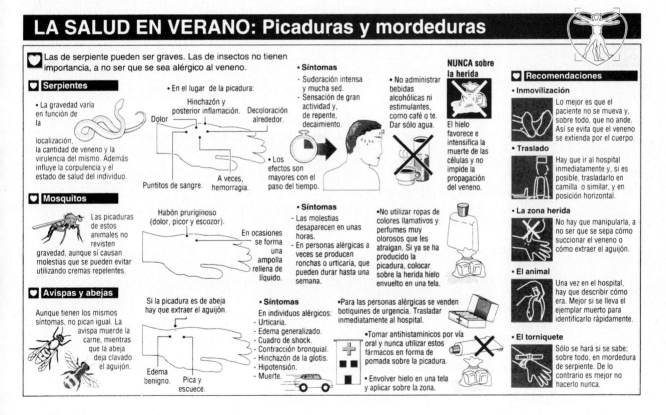

LA SALUD EN VERANO: Picaduras y mordeduras

Las de serpiente pueden ser graves. Las de insectos no tienen importancia, a no ser que se sea alérgico al veneno.

Serpientes

• La gravedad varía en función de la localización, la cantidad de veneno y la virulencia del mismo. Además influye la corpulencia y el estado de salud del individuo.

• En el lugar de la picadura:
Dolor — Hinchazón y posterior inflamación. Decoloración alrededor.
Puntitos de sangre. — A veces, hemorragia.

• **Síntomas**
- Sudoración intensa y mucha sed.
- Sensación de gran actividad y, de repente, decaimiento.
• Los efectos son mayores con el paso del tiempo.

• No administrar bebidas alcohólicas ni estimulantes, como café o te. Dar sólo agua.

NUNCA sobre la herida
El hielo favorece e intensifica la muerte de las células y no impide la propagación del veneno.

Recomendaciones

• **Inmovilización**
Lo mejor es que el paciente no se mueva y, sobre todo, que no ande. Así se evita que el veneno se extienda por el cuerpo.

• **Traslado**
Hay que ir al hospital inmediatamente y, si es posible, trasladarlo en camilla o similar, y en posición horizontal.

Mosquitos

Las picaduras de estos animales no revisten gravedad, aunque sí causan molestias que se pueden evitar utilizando cremas repelentes.

Habón pruriginoso (dolor, picor y escozor).
En ocasiones se forma una ampolla rellena de líquido.

• **Síntomas**
- Las molestias desaparecen en unas horas.
- En personas alérgicas a veces se producen ronchas o urticaria, que pueden durar hasta una semana.

•No utilizar ropas de colores llamativos y perfumes muy olorosos que les atraigan. Si ya se ha producido la picadura, colocar sobre la herida hielo envuelto en una tela.

• **La zona herida**
No hay que manipularla, a no ser que se sepa cómo succionar el veneno o cómo extraer el aguijón.

Avispas y abejas

Aunque tienen los mismos síntomas, no pican igual. La avispa muerde la carne, mientras que la abeja deja clavado el aguijón.

Si la picadura es de abeja hay que extraer el aguijón.
Edema benigno. Pica y escuece.

• **Síntomas**
En individuos alérgicos:
- Urticaria.
- Edema generalizado.
- Cuadro de shock.
- Contracción bronquial.
- Hinchazón de la glotis.
- Hipotensión.
- Muerte.

•Para las personas alérgicas se venden botiquines de urgencia. Trasladar inmediatamente al hospital.
•Tomar antihistamínicos por vía oral y nunca utilizar estos fármacos en forma de pomada sobre la picadura.
• Envolver hielo en una tela y aplicar sobre la zona.

• **El animal**
Una vez en el hospital, hay que describir cómo era. Mejor si se lleva el ejemplar muerto para identificarlo rápidamente.

• **El torniquete**
Sólo se hará si se sabe; sobre todo, en mordedura de serpiente. De lo contrario es mejor no hacerlo nunca.

1. What two specific summer health problems are addressed here? _____
_____

2. Are any of the words used to describe these problems cognates? _____
_____

3. For the first problem, can you guess what the symptoms are? _____
_____

   What should one avoid doing in this case? _____
_____

4. For the second problem, under "symptoms", what do you think **molestias** means? _____
_____ What is being said about colorful clothing and perfume? _____
_____

5. Many symptoms are listed for **avispas y abejas**. What are they and why is a speeding car
   represented? _____

6. The graphic also lists five recommendations. Which of these are cognates? _____
_____

Is any of this information new to you? _____

B. Now listen to a brief radio report about the benefits of running to reduce stress. Indicate the ideas (benefits, warnings, techniques) you hear mentioned. Before beginning, read the list carefully.

_____ El correr es natural y sana.

_____ El andar es más natural que el correr.

_____ Es importante mantener la cabeza en un ángulo.

_____ Correr aclara la mente.

_____ Correr mejora la salud por hacer que los órganos funcionen mejor.

_____ Correr alarga la vida.

_____ Debe tener cuidado para mantener el equilibrio.

_____ Es buena idea beber agua antes de comenzar.

_____ Cuando hace sol, se debe cubrir la cabeza al correr.

_____ En la ciudad, se debe correr entre las 9 de la mañana y las 8 de la tarde.

PRONUNCIACIÓN

Repaso: The r-sound

Remember, the letter **r** most often is pronounced as a simple tap. Some useful comparisons between English and Spanish are *pot o'tea* / **para ti**, *today's* / **tres** and *better they* / **verde**. Repeat the following lists of words to practice.

pot o'tea	*today's*	*better they*
para ti	tres	verde
cara	triste	pierde
cuero	actriz	despierta
oro	brazo	corta
oreja	hombro	arma
pulsera	fiebre	firme
joyería	producto	carne
	droga	pierna
	cuadro	tarjeta
	piedra	urgente

Repaso: el enlace

You should recall two important circumstances associated with linking: (1) like vowels and like consonants that occur at word boundaries are pronounced as a single sound, and (2) syllables are formed across word boundaries (thus, **nosotros** and **los otros** are identical except for the first sound). Keeping these in mind, practice linking the elements in the following phrases. Listen and repeat.

poesía alemana	mi impermeable
la alergia	aquí informa
compra anillos	ocho objetos
vende esquíes	vino Horacio
de estomago	cuarto oscuro
se enfermó	en efectivo
sufrí infecciones	un especialista

con Ana	en el espejo
el algodón	con un estudiante
el oro	dos orejas y dos ojos
el estudiante	me quedan apretados
las enfermedades	los anillos son bonitos
es imposible	estudian novelistas alemanes
dos aspirinas	no tienen energía para hacerlo

Presentación A • Hablemos de la salud

Actividad 1   ¿Cuáles son las partes del cuerpo?

Escuche y escriba el número apropiado al lado de la parte del cuerpo mencionada.

MODELO: 1. cuello → Número 1, cuello, *neck*

Actividad 2   Ahora sé todas las partes

Basándose en la información de la actividad anterior, conteste las preguntas. ¡OJO! Hay que dar el artículo definido.

MODELO: ¿Qué es esto? → Es el cuello.

Actividad 3 ¿Cómo está... ?

Escuche las descripciones y escriba el nombre debajo del dibujo apropiado.

> MODELO: Juanito tiene alergias y sufre mucho en la primavera. ¡Pobre Juanito! →
> Juanito, dibujo c.

escalofrios/plueal

fumar tos

★ a. _Alonso y Javier_

b. ⊕ _marcos_

c. _Juanito_

garganta

fiebre

d. ⊕ _gloria_

e. _~~Rosa~~ ⊕ Alisia_

Presentación B • En la sala de emergencia

Actividad 4 Unos accidentes no muy malos

Escuche las descripciones y escriba el nombre debajo del dibujo apropiado.

virus
hospital
infection

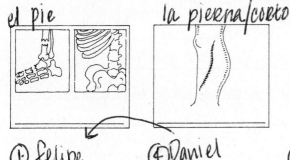
el pie   la pierna/corto   tobillo

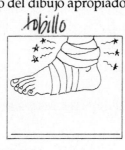

① felipe   ④ Daniel   ② Marcos   ③ Margarita

Actividad 5 El comentario del Dr. Muñoz

A. Escuche las grabaciones que hizo el doctor Muñoz sobre el tratamiento que le dio en la sala de emergencia a tres de los pacientes de la actividad anterior. Indique lo que hizo el médico y el orden.

VARGAS CALVO	ZÚÑIGA ROSAS	VILLAS ESCOBAR	TRATAMIENTO
———	———	———	examinarle
———	———	———	tomarle la temperatura
———	———	———	hacerle unos rayos X
———	———	———	hacerle una prueba de sangre
———	———	———	enyesarle
———	———	———	darle puntos
———	———	———	recetarle
———	———	———	lavarle
———	———	———	ponerle crema
———	———	———	ponerle una inyección
———	———	———	ponerle una venda (*bandage*)

B. Basándose en la información recogida de la actividad anterior, escuche una segunda vez y escriba el nombre (*first name*) de cada paciente en el espacio en blanco apropiado.

Vargas Calvo _____

Zuñiga Rosas _____

Villas Escobar _____

Actividad 6 A ciegas: informe sobre Marcos

A. Basándose en el informe que el Dr. Muñoz preparó sobre Marcos, conteste las siguientes preguntas.

MODELOS: ¿Cuáles son los apellidos del paciente? → Cortés Aznar.

¿En qué fecha se presentó el paciente en la sala de emergencia? →
El paciente se presentó el 12 de abril de 1994.

Nombre: *Marcos Antonio* Apellidos: *Cortés Aznar*

Fecha: *12 – IV – 94* Hora: de *1:15 de la tarde* a *3:50 de la tarde*

Tratamiento: *El paciente dijo que iba corriendo y se cayó. Le dolía el tobillo izquierdo.*

1. _____

2. _____ *No tenía heridas*

3. _____

4. *Interpretó con el radiólogo los rayos X, los que no demostraban ninguna rotura.*

5. _____

6. *Le dijo que tomara aspirina si sentía dolor.*

B. Ahora, haga preguntas en orden numérico para llenar los espacios en blanco con la información correcta, según el modelo.

> MODELO: 1. ¿Qué le hizo el médico en primer lugar? →
> Le tomó la temperatura y la presión de sangre.

Presentación C • El bienestar y la prevención de enfermedades

Actividad 7 Unas sugerencias de mamá

Imagínese que le llama su mamá. Le da muchos consejos sobre el bienestar. Responda a sus consejos según los modelos.

> MODELOS: Quiero que te cuides. → Sí, mamá. Me cuido.
>
> Quiero que no te enfermes. → Sí mamá. No me enfermo.

1. ... 2. ... 3. ... 4.. ... 5. ... 6. ... 7. ...

Actividad 8 La *e* significa *ejercicio*

A. Escuche las siguientes recomendaciones del anuncio de servicio público e indique las ideas que se mencionan. Antes de comenzar, lea la lista con atención.

LAS VENTAJAS DEL EJERCICIO FÍSICO: CORRECCIONES

_____ es bueno para los jóvenes   _____

_____ reduce los dolores de cabeza   _____

_____ mejora la circulación de la sangre   _____

_____ ayuda a los pulmones y ojos a funcionar mejor   _____

_____ estimula el apetito y el cansancio   _____

ANTES DE COMENZAR UN RÉGIMEN DE EJERCICIO FÍSICO:

_____ consulte con el médico si Ud. tiene más de 25 años _____

_____ escoja actividades que usen el sistema circulatorio _____

_____ elija una actividad que se pueda hacer en casa   _____

DESPUÉS DE COMENZAR UN PROGRAMA DE EJERCICIO FÍSICO:

_____ póngase ropa cómoda y apropiada   _____

_____ haga el programa 6 veces por semana   _____

B. Algunas de las ideas de la lista son falsas. Dé marcha hacia atrás a la cinta y escuche una segunda vez. Corrija las ideas falsas apuntando lo que se dice en el anuncio en los espacios en blanco apropiados.

48. Influencing Others: The Present Subjunctive

Actividad 1   Una llamada del médico

Su compañera de apartamento está muy enferma y no puede hablar con el médico cuando le llama. Repítale a su compañera lo que dice el médico, según el modelo.

> MODELO: Quiero que Teresa descanse en casa. → (El médico) Quiere que descanses en casa.

1. ...   2. ...   3. ...   4. ..   5. ...   6. ...   7. ...

Actividad 2   Mis padres no me permiten hacer nada

Responda a las preguntas de un amigo, diciéndole lo que le prohiben sus padres. Siga el modelo.

> MODELO: ¿Y si quieres hacer el alpinismo? → Mis padres me prohiben que haga el alpinismo.

1. prohibir	3. no permitir	5. prohibir	7. molestarle
2. molestarles	4. prohibir	6. no permitir	

49. *Repaso y expansion* • Telling What Happened and Describing the Circumstances

Actividad 3   Ahora sé lo que pasó

¿Recuerda Ud. a Mariano, Rogelio, Carmen y Javier? En el **Capítulo 10**, ellos explicaron algunas de las circunstancias en que occurrieron sus accidentes. Escuche otra vez lo que cuentan y escriba el nombre debajo de los dos dibujos apropiados. Esta vez hay una descripción más: la de Pedro.

a. _____   b. _____   c. _____

d. _____   e. _____

Actividad 4   Todos los detalles

Ahora escuche dos de las descripciones otra vez y apunte los datos apropiados en los espacios en blanco. Recuerde: por lo general se presentan las circunstancias con el imperfecto y los acontecimientos con el pretérito. Escuche con cuidado, porque se le dará más información esta vez.

	CIRCUNSTANCIAS	ACONTECIMIENTOS
Pedro	_____	_____
	_____	_____
	_____	_____
	_____	_____
Carmen	_____	_____
	_____	_____
	_____	_____
	_____	_____

50. *Repaso y expansión* • Direct and Indirect Object Pronouns

Actividad 5   Sí, se lo expliqué

Imagínese que tuvo un pequeño accidente. Le llama su mamá para darle algunos consejos relativos a una consulta con el médico. Responda a sus consejos según el modelo.

> MODELO: ¿Le dijiste al médico el problema? → Sí, se lo dije.

1. ...   2. ...   3. ...   4. ...

Actividad 6   Sí, me la tomó

Imagínese que le llama otra vez a su mamá para hacerle unas preguntas sobre lo que le hizo el médico. Conteste sus preguntas, según el modelo.

> MODELO: ¿El médico te tomó la temperatura? → Sí, me la tomó.

1. ...   2. ...   3. ...   4. ...   5. ...

51. *Vista previa* • si-Clauses

Actividad 7   Avisos importantes

Escuche los avisos parciales que se dan sobre cómo mantener el bienestar y diga el resultado si uno no los sigue. **Resultados:** engorda, se deprime, se enferma, se resfría

1. ...   2. ...   3. ...   4. ...

LECCIÓN EN CONTEXTO

Actividad 1   Una cita con la médica

Escuche la conversación entre Matilde y su médica e indique los detalles que se mencionan. ¡OJO! En algunos casos se mencionan muchos detalles.

1. Cuando va al consultorio, Matilde tiene...
   ☐ dolor de cabeza.   ☐ pastillas.   ☐ tos y escalofríos.   ☐ dolor de garganta.
2. Matilde cree que tiene...
   ☐ un catarro.   ☐ síntomas normales.   ☐ gripe.
3. La fiebre de Matilde es de...
   ☐ 103 grados.   ☐ 102 grados.   ☐ 112 grados.
4. Hace dos semanas, Matilde estuvo en...
   ☐ Nuevo México.   ☐ un hospital mexicano.   ☐ México.   ☐ casa.
5. Lo que tiene Matilde es en realidad...
   ☐ un catarro.   ☐ una reacción alérgica.   ☐ gripe.   ☐ una enfermedad común de turista.
6. La médica le recomienda a Matilde que...
   ☐ vaya al hospital.   ☐ tome antibióticos.   ☐ vaya a casa y descanse.   ☐ vaya a la farmacia.

Actividad 2   Preguntas personales

Conteste las siguientes preguntas con información personal según el modelo.

> MODELO: ¿Tiene Ud. dolores de cabeza o de garganta con frecuencia?   →
> Antes tenía muchos dolores de garganta, pero ahora no.

1. ...   2. ...   3. ...   4. ...   5. ...   6. ...   7. ...   8. ...

CAPÍTULO **13**

¡Vamos a viajar!

DE ENTRADA

Before starting the tape, do Exercise A of the **De entrada.**

A. This ad was published in *La Nación*, San José, Costa Rica, and advertises tours to Mexico. Study the ad and answer the following questions.

1. What are Spanish terms for *departure* and *return*? _____

2. Why is the **México Maravilloso** excursion more expensive than the **México de Compras** package?

   _____

3. What items are featured in both excursions? _____

   _____

   What does the **México de Compras** package offer that the **México Maravilloso** package does not?

   _____

4. Look at the information about prices. What is the unit of currency of Costa Rica? _____

   What symbol is used to represent it? _____ Why do you think some prices are given in

   dollars? _____

5. Which of these tours appeals to you and why? _____

   _____

B. Now listen to the following radio announcement about vacations to Mexico. Check the features you hear mentioned.

☐ weather ☐ temples ☐ hotels ☐ shopping ☐ geography

☐ fine arts ☐ folk culture ☐ casinos ☐ night life

PALABRAS EN CONTEXTO

Presentación A • En la agencia de viajes

Actividad 1   Una guía completa

Escuche la siguiente descripción de *Turistel*, una guía turística que presenta información sobre Chile. Apunte los tipos de información que se proporciona en *Turistel*, y lo que se debe hacer para adquirir un ejemplar de la guía.

INFORMACIÓN GENERAL

número de páginas: _____

las zonas incluidas: _____

planos detallados de: _____

descripciones de: _____

datos sobre: _____

número de teléfono: _____

Presentación B • Los preparativos para el viaje

Actividad 2   Un viaje al Caribe

Imagínese que Ud. está en México y llama a la Oficina de Turismo Dominicano y a la Oficina de Turismo Cubano para obtener información para un viaje al Caribe. Escuche las grabaciones de las oficinas de turismo y apunte la información obtenida en los espacios apropiados.

	TURISMO DOMINICANO	TURISMO CUBANO
documentos		
vacunas		
moneda		
clima		
ropa		
actividades		

NOTA CULTURAL

As of 1994, U.S. citizens are not permitted to travel to Cuba, but travelers from every other part of the globe are enjoying Cuba's new tourist resorts. In order to bring much needed foreign currency into the economy, the government has in recent years encouraged the development of some beautiful Cuban beaches; Varadero is perhaps the best known. Resorts developed by Europeans (including Spaniards), Mexicans, and South Americans create jobs and thus stimulate the island's economy. However, they also emphasize the negative effects of Cuba's Communist past: the resorts are well supplied but elsewhere on the island, outside of the tourist zone, many Cubans find fresh foods, fuel, and other goods hard to come by since the breakup of the Soviet Union.

Actividad 3   Tengo toda la información necesaria

Basándose en la información obtenida en la actividad anterior, conteste las siguientes preguntas sobre la República Dominicana y Cuba.

1. ...   2. ...   3. ...   4. ...   5. ...   6. ...   7. ...   8. ...

Presentación C • Los planes para el viaje

Actividad 4   Mis amigos tienen ideas muy diferentes

Escuche mientras Rodrigo, Jimena y Martín hablan de sus ideas y preferencias respecto al viajar al extranjero. Indique sus preferencias en la lista. Lea la lista con atención antes de empezar.

	RODRIGO	JIMENA	MARTÍN
andar en taxi	☐	☐	☐
andar en metro	☐	☐	☐
andar en autobús	☐	☐	☐
andar en coche alquilado	☐	☐	☐
acampar	☐	☐	☐
alojarse en hotel de 3 estrellas	☐	☐	☐
alojarse en hotel de 5 estrellas	☐	☐	☐
alojarse en apartamento	☐	☐	☐
comer en restaurantes de lujo	☐	☐	☐
comer en restaurantes módicos	☐	☐	☐
comer en cafés	☐	☐	☐
hacer picnic	☐	☐	☐

ESTRUCTURAS EN CONTEXTO

52. Comparing and Contrasting with **más** and **menos**

Actividad 1   Comparación de dos excursiones

Pare la cinta y lea con atención las descripciones de dos excursiones. Luego, basándose en la información dada en ellas, conteste las preguntas.

GUATEMALA	SAN ANDRÉS
$375/persona 9 días boleto aéreo traslados aeropuerto/hotel/aeropuerto transporte terrestre a 8 sitios arqueológicos hoteles de segunda clase desayunos paseo en lancha en Río Dulce visita a Chichicastenango paseo en lancha en Atitlán visita a las ruinas de Quiriguá	$259/persona 4 días boleto aéreo traslados aeropuerto/hotel/aeropuerto Hotel Palace Dorado o Hotel Ritz dos comidas diarias coctel de bienvenida paseo por la ciudad descuentos en el centro comercial

MODELO: ¿Qué incluye más comidas diarias, la excursión a Guatemala
o la excursión a San Andrés?   →
La excursión a San Andrés incluye más comidas diarias.

1. ...   2. ...   3. ...   4. ...   5. ...   6. ...

Actividad 2 Iberojet

Escuche y conteste las preguntas, basándose en el anuncio de Iberojet.

1. ... 2. ... 3. ... 4. ... 5. ...

Actividad 3 Experiencias en Yucatán

Josefa y Maura acaban de regresar de sus vacaciones en Yucatán, México. Escuche sus descripciones, apuntando la información indicada. Escuche dos veces: la primera para sacar las ideas generales, y la segunda para apuntar algunos detalles. Antes de escuchar, lea la siguiente información.

	JOSEFA	MAURA
días de vacaciones	_____	_____
ciudad	_____	_____
tipo de hotel	_____	_____
precio de la habitación	_____	_____

excursiones a:

Isla Mujeres   _____   _____

Chichén Itzá   _____   _____

Uxmal   _____   _____

otras ruinas mayas   _____   _____

precios de las compras:

hamaca   _____   _____

huipil   _____   _____

pulsera de coral   _____   _____

Actividad 4 ¿Quién pagó más? ¿Menos?

Basándose en la información obtenida en la actividad anterior, conteste las siguientes preguntas según el modelo.

MODELO: ¿Quién tuvo más días de vacaciones? → Maura tuvo más días de vacaciones que Josefa.

1. ... 2. ... 3. ... 4. ... 5. ...

53. More on Expressing Possession: Stressed Possessives

Actividad 5 Un viaje con Elena y Luisa

Imagínese que viaja Ud. con Elena y Luisa. Responda afirmativamente a las preguntas. Siga el modelo.

MODELO: ¿De quién es este bolso de mano? ¿Es de Ud.? → Sí, es mío.

1.. ... 2. ... 3. ... 4. ... 5. ... 6. ... 7. ... 8. ...

54. Discussing Future Plans: The Future Tense

Actividad 6 Una lista para hoy

◯	*llamar a la línea aérea*
	hacer la reservación de vuelo
	llamar a la agencia de viajes
	pedir los precios de varios hoteles
	reservar una habitación
	ir al consulado
	sacar un pasaporte
	preguntar acerca de vacunas
	poner los documentos en el bolso de mano
◯	*el sábado por la mañana – ¡Salir de vacaciones!*

Imagínese que Ud. es un turista que se prepara bien. Lea la lista (en la página 146) de lo que tiene que hacer antes de salir y, basándose en ella, conteste las preguntas según el modelo.

> MODELO: Después de levantarse, ¿qué hará Ud.? → Llamaré a la línea aérea.

Actividad 7   ¡No han hecho nada!

A. Ahora imagínese que Ud. es un/una turista perezoso/a y despreocupado/a que todavía no ha hecho los preparativos para su viaje. Basándose en las indicaciones escritas, conteste las preguntas, según el modelo. ¡OJO! Use los pronombres de objeto directo.

> MODELO: ¿Cuándo leerás los folletos? (mañana) → Los leeré mañana.

1. la noche antes de salir	3. durante el vuelo	5. dos días antes de salir
2. dos días antes de salir	4. la noche antes de salir	6. mañana

B. Continúe contestando las preguntas, basándose en las indicaciones escritas. Diga también lo que harán sus compañeros de viaje, también perezosos y despreocupados. Siga el modelo.

> MODELO: ¿Cuándo pedirán los visados? (mañana) → Los pedirán mañana.

1. dos días antes de salir	3. dos días antes de salir
2. un día antes de salir	4. el día antes de salir

55. *Repaso y expansión* • Adverbs

Actividad 8   Unas vacaciones maravillosas

Escuche lo que dice Olivia sobre su viaje reciente. Ordene cronológicamente las siguientes oraciones, escribiendo el adverbio apropiado en el espacio en blanco. Antes de comenzar, lea el párrafo.

Consulté con un amigo argentino _____[1] llamar a la agencia de viajes. Hice

reservaciones de hotel _____[2] consultar los folletos y guías que me dio el agente.

Llamé a todas las líneas aéreas _____[3] escoger el vuelo. Comencé a aprender

algo sobre los puntos de interés histórico y artístico _____[4] hacer todas las

reservaciones. También busqué información en la biblioteca _____[5] preparar

una lista de todo lo que quería ver en Buenos Aires.

56. *Para reconocer* • More on Influencing Others —**nosotros** Commands

Actividad 9   Tenemos que hacerlo

Escuche la siguiente conversación entre Marcos y María e indique cuáles de las respuestas de María son imperativos que corresponden a **nosotros**.

> MODELO: Tenemos que organizarnos. → ¡Organicémonos!

Tenemos que organizarnos. ☒

Tenemos que hacer las reservaciones. ☐

Tenemos que pedir las visas. ☐

Debemos confirmar los hoteles. ☐

Debemos hacer las maletas. ☐

Debemos comprar la cámara. ☐

Tenemos que ir al médico. ☐

Tenemos que pagar los boletos. ☐

Y tenemos que divertirnos. ☐

LECCIÓN EN CONTEXTO

Actividad 1 Preparativos para un viaje

Escuche la narración de Jorge Andrade, estudiante de la Universidad de Indiana. Escuche la primera vez para captar las ideas generales. Dé marcha hacia atrás a la cinta y escuche otra vez para indicar la información mencionada. ¡OJO! Para algunas oraciones, puede indicar más de una posibilidad.

1. Jorge comenzó a planear sus vacaciones en...
    ☐ octubre.   ☐ noviembre.   ☐ Navidad.

2. Mauricio es...
    ☐ un amigo universitario.   ☐ compañero de viaje.   ☐ amigo de México.

3. Jorge fue a la agencia de turismo...
    ☐ antes de pagar el billete.   ☐ después de pagar el billete.

4. Además de la agencia, Jorge buscó información...
    ☐ en la biblioteca.   ☐ en el Consulado Mexicano.

5. Viajó a México...
    ☐ en autobús.   ☐ por avión.   ☐ en tren.

Actividad 2 Preguntas personales

Conteste las siguientes preguntas con información personal.

MODELO: ¿Con qué frecuencia viaja Ud. durante las vacaciones escolares?   →
Por lo común tengo que trabajar durante las vacaciones y por eso no viajo mucho.

1. ...   2. ...   3. ...   4. ...   5. ...   6. ...   7. ...   8. ...

CAPÍTULO **14**

Los medios de transporte

DE ENTRADA

Before starting the tape, do Exercise A of the **De entrada.**

A. Look at the following Iberia/Cunard ad and answer the following questions.

1. How many different itineraries are offered? _____ What are the differences between them?
   _____
   _____

2. What is the name of the cruise ship? _____

3. What, besides the cruise, is included in the prices quoted? _____
   _____
   _____

4. How much extra must one pay for children under 18? _____

5. What do the passengers see of San Juan? _____

6. On what day of the week is departure scheduled? _____

Does this kind of travel appeal to you? Why? _____
_____

B. Now listen to a brief feature report on the popularity of cruises among Spaniards.

1. How many Spaniards took a cruise last year? _____

2. Which Spanish ports are visited by cruise ships? _____

   _____

3. How much do various kinds of cruises cost? Mediterranean _____

   Caribbean _____ Three weeks in Pacific _____

PALABRAS EN CONTEXTO

Presentación A • En el aeropuerto

Actividad 1   Para viajar en avión

Escuche las descripciones y escriba el nombre de la persona descrita debajo del dibujo apropiado.

MODELO: Ruy le entrega el pasaporte al agente de la aduana. → Ruy, dibujo f.

marcos D
Rosa c/B

cola

a. __Bernardo__

recoje ecepaje

b. __Gloria__

abrocharse orienteren

c. __Rosa__

factura

d. __Marcos__

subir al avión

e. __Jose__

f. __Ruy__

Actividad 2   Mis amigos de viaje

Basándose en la información obtenida en la actividad anterior, conteste las siguientes preguntas según el modelo.

MODELO: ¿Qué hizo Ruy? → Ruy le entregó el pasaporte al agente de la aduana.

1. ...   2. ...   3. ...   4. ...   5. ...

Actividad 3   ¿Qué hizo Ud.?

Ahora, narre en orden lógico todas las actividades citadas en las actividades anteriores como si Ud. hiciera (*were taking*) el viaje a solas.

> MODELO: ¿Qué hizo Ud. primero? → Facturé el equipaje.

1. ...   2. ...   3. ...   4. ...   5. ...   6. ...   7. ...

Actividad 4   ¿Quién habla?

Oirá diez afirmaciones y preguntas. Escuche y ponga el número de cada una al lado de la persona que lógicamente la dice. Algunas de las personas hablan más de una vez.

> MODELO: Abra su maleta, por favor. → agente de la aduana

_____ maletero

_____ agente de la línea aérea

_____ pasajero

_____ ayudante del vuelo

_____ agente de la aduana

Presentación B • Para viajar en tren

NOTA CULTURAL

Train travel is common in Latin America. Larger countries have extensive networks of track (Mexico, over 26,000 miles; Argentina, over 34,000 miles; Brazil, over 29,000 miles) and even small Guatemala has almost 2,000 miles. In the mountainous countries of South America, especially those where mining is important, foreign interests often engineered and paid for the railroads in the last century. In the Andes, of course, weather and other conditions make travel by car or bus difficult at times, so train travel is often the easiest means. Chile, for example, has more than 6,000 miles of track and Peru, more than 3,500. One particular train in Peru carries oxygen for passenger use at higher altitudes!

Actividad 5   Viaje con RENFE

Escuche el anuncio para Kilómetros de Ventajas (*Advantage Kilometers*) de RENFE (Red Nacional de Ferrocarriles Españoles) e indique los beneficios específicos que este programa le ofrece al cliente. Antes de comenzar, lea la lista de posibles beneficios con atención.

☐ seguro de viaje

☐ una revista

☐ descuentos en las tiendas de las estaciones

☐ cheques de viajero gratis

☐ descuentos en todos los viajes RENFE

☐ sorteos (*sweepstakes*) de viajes en trenes turísticos

☐ billetes de primera clase a precio de segunda

☐ bebidas gratis en los trenes

☐ estacionamiento gratuito

☐ descuentos en trenes turísticos

☐ servicio de reservas de prioridad

Actividad 6   ¡Tengo que hacer cola!

A. Imagínese que hace Ud. cola en la estación de tren. Escuche lo que pide la cliente delante de Ud., apuntando los detalles en los espacios apropiados.

Tipo de billete: _____   Núm. de billetes: _____

Destino: _____   Precio total: _____

Tren: _____   Hora de salida: _____

B. Ahora, basándose en la información obtenida, conteste las siguientes preguntas.

1. ...   2. ...   3. ...   4. ...   5. ...   6. ...

Actividad 7 ¿En qué vía... ?

Escuche los siguientes anuncios y apunte los varios trenes y las vías correspondientes.

Tren con destino a _____   Vía _____

Tren con destino a _____   Vía _____

Tren con destino a _____   Vía _____

Tren con destino a _____   Vía _____

Tren con destino a _____   Vía _____

Presentación C • Otros medios de transporte

NOTA CULTURAL

The Pan American Highway runs from Fairbanks, Alaska, to Tierra del Fuego, with the only interruption in Panama. It was originally conceived as a single road. However, as completed, the highway branches at Buenos Aires, with one route turning north to Brazil's capital, Brasilia, and the other continuing south to Punta Arenas, Chile.

Like train travel, bus travel is extremely common in Latin American countries. Not only do buses go to remote areas which railroads to not serve, but they also provide opportunities to see rural and urban areas "up close." In many cases, travelers can choose between first- and second-class bus service.

Actividad 8   Desde el aeropuerto en taxi

En Madrid, hay dos maneras de ir del aeropuerto al centro: en autobús o en taxi. Escuche el anuncio y apunte la información en los espacios apropiados.

AUTOBÚS

Destino a _____   Duración aproximada: _____

Salidas cada _____   Precio del billete: _____

TAXI

Precios medios: del aeropuerto a Plaza Colón _____

del aeropuerto a Puerta del Sol _____

del aeropuerto a Plaza de España _____

Suplementos (surcharges):   días festivos _____ domingos _____

cada maleta _____

Actividad 9   Advertencias en el metro

Escuche los siguientes advertencias que se oyen en el metro y en la estación de tren y ponga el número debajo de la advertencia apropiado. Antes de comenzar, mire las advertencias con atención.

a. _____   b. _____   c. _____   d. _____

ESTRUCTURAS EN CONTEXTO

57. More on Reflexive Constructions: **se** for Passives

Actividad 1   En la estación de tren

Escuche los anuncios que se hacen en la estación de tren y apunte la información apropiada en los espacios en blanco.

Horario de la sala de espera: de _____ a _____

Horario de las ventanillas :   de _____ a _____

Horario de la consigna de equipaje (*baggage check/claim area*):   de _____ a _____

Horario de la ventanilla de cambio: de _____ a _____

Actividad 2   Los horarios de la estación de tren

Basándose en la información obtenida en la actividad anterior, conteste las siguientes preguntas. ¡OJO! Hay varias preguntas sobre algunos de los temas.

MODELO: ¿Cuándo se cierra la sala de espera? →
La sala de espera se cierra a las veintitrés y treinta.

1. ...   2. ...   3. ...   4. ...   5. ...   6. ...   7. ...

Actividad 3   ¿Dónde se hace esto?

Basándose en las indicaciones dadas, conteste las preguntas según el modelo.

MODELO: ¿Dónde se asignan los asientos? (el aeropuerto) →
Se asignan los asientos en el aeropuerto.

1. la aduana
2. el mostrador (*counter*)
3. la puerta

4. la agencia de viajes
5. la cabina

58. Expressing Doubt, Denial, and Uncertainty: The Subjunctive in Nominal Clauses

Actividad 4 En el aeropuerto

Escuche las siguientes exclamaciones y escriba los nombres mencionados debajo del dibujo apropiado.

> MODELO: Es dudoso que haya asientos libres para Paco y Ana. →
> Paco y Ana, dibujo a.

a. _Paco y Ana_

b. _José_ *tiempo*

c. _Rosa_ *este comoda*

d. _Snr. Alonzo_ *duerme abuela*

e. _Laura_ *momento camara*

Senor Alonzo B/D
~~*Rosa*~~
Laura

Actividad 5 Pues, me parece dudoso...

Basándose en la información obtenida en la actividad anterior, conteste las siguientes preguntas según el modelo.

> MODELO: ¿Va a salir a tiempo el vuelo de José? →
> No. Es imposible que el vuelo de José salga a tiempo.

1. ... 2. ... 3. ... 4. ...

Actividad 6 ¡Qué preguntas!

Conteste las siguientes preguntas de su amigo. Algunas de ellas son muy tontas (*silly*). Siga el modelo.

> MODELO: ¿Puedo viajar en tren de México a España? →
> Dudo que pueda viajar en tren de México a España.

1. ... 2. ... 3. ... 4. ... 5. ... 6. ... 7. ... 8. ...

59. *Repaso y expansión* • Uses of the Infinitive

Actividad 7   ¡En este tren se prohibe todo!

Conteste las siguientes preguntas, según el modelo.

> MODELO: ¿Se puede abrir la ventana? → No. Es prohibido abrir la ventana.

1. ...   2. ...   3. ...   4. ...   5. ...

LECCIÓN EN CONTEXTO

Actividad 1   Sugerencias para un viaje más placentero

Va a escuchar una grabación que les ofrece consejos a los viajeros internacionales en Aeroméxico. Antes de escuchar, considere los consejos más útiles para los pasajeros de avión. ¿Qué palabras o frases espera Ud. oír?

☐ equipaje   ☐ pasaporte   ☐ comidas   ☐ aduana

☐ llegada   ☐ sala de espera ☐ reloj   ☐ cinturón

☐ cigarros   ☐ es recomendable ☐ es prohibido ☐ seguro médico

☐ reservas confirmadas

Ahora, escuche la grabación para el viajero internacional y apunte las sugerencias que se ofrecen.

1. _____
2. _____
3. _____
4. _____
5. _____
6. _____

Actividad 2   Roberta va de viaje

A. Escuche lo que dice Roberta e indique la información mencionada. ¡OJO! Puede haber más de una indicación correcta. Antes de comenzar, lea toda la información con atención.

1. Roberta viajó para...

   ☐ visitar a su familia.   ☐ estudiar.   ☐ viajar.

2. Visitó a sus padres en...

   ☐ Venezuela.   ☐ Chile.   ☐ Perú.

3. Sus parientes viven en...

   ☐ Arica.   ☐ Cuzco.   ☐ Lima.

4. Roberta y Margarita viajaron de Cuzco a Machu Picchu...

   ☐ en avión.   ☐ en tren.   ☐ en autobús.

5. De Lima viajaron a Caracas...

☐ en avión. ☐ en tren. ☐ en crucero.

6. Su amiga Gloria es...

☐ médica. ☐ científica. ☐ profesora de química.

7. Con Gloria, Roberta y Margarita visitaron...

☐ museos. ☐ catedrales. ☐ galerias.

8. Las tres amigas conocieron el Amazonas en...

☐ tren. ☐ autobús. ☐ crucero.

B. Si Ud. tiene tiempo, dé marcha hacia atrás a la cinta y escuche otra vez para apuntar las fechas mencionadas.

1. Fecha de salida de Roberta: _____

2. Estancia en Santiago: _____

3. Salida para Arica: _____

4. Regreso a Santiago: _____

5. Salida para el Perú: _____

6. Salida para Machu Picchu: _____

7. Comienzo del crucero: _____

Actividad 3 Preguntas personales

Conteste las siguientes preguntas con información personal.

MODELO: ¿Qué medio de transporte prefiere Ud. y por qué? →
Prefiero manejar porque me gusta ver el paisaje.

1. ... 2. ... 3. ... 4. ... 5. ... 6. ...

CAPÍTULO **15**

Y ahora, ¿dónde nos alojamos?

DE ENTRADA

Before starting the tape, do Exercise A of the **De entrada**.

A. This Mexican resort, Royal Maeva, boasts an all-inclusive price. Study it and answer the following questions.

EN MAEVA USTED SABRA EXACTAMENTE CUANTO LE COSTARAN SUS VACACIONES, <u>ANTES DE TOMARLAS.</u>

VENGA AL CONCEPTO ALL-INCLUSIVE DE MAEVA, DONDE TODO, <u>PERO TODO,</u> ESTA INCLUIDO POR UN PRECIO FIJO Y PRE-ESTABLECIDO POR PERSONA

CONSULTE A SU AGENTE DE VIAJES O LLAME:
MEXICO: 91 (5) 208-3244 GUADALAJARA: 91 (36) 15-4048 Y 15-4419

EN MAEVA LOS IMPREVISTOS NO EXISTEN PORQUE TODO ESTA INCLUIDO.
ESTANCIA, 3 ALIMENTOS DIARIOS, BEBIDAS NACIONALES DE 11 A.M. A 1 A.M., TENIS, WINDSURF, VELEO, BUCEO, WATERPOLO, MINI CLUB PARA NIÑOS, AEROBICS, GIMNASIA, SHOWS NOCTURNOS, COVER EN LA DISCO Y LA ANIMACION CONTINUA DE LOS "MAEVAMIGOS".

$350,000

DIARIOS POR PERSONA EN OCUPACION DOBLE HASTA ABRIL 12 DE 1992. TARIFA SUJETA A CAMBIO SIN PREVIO AVISO.

Deluxe All Inclusive Resort
HUATULCO, MEXICO

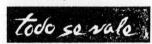
todo se vale

MAEVA HOTELS & RESORTS: MANZANILLO, HUATULCO, PUERTO VALLARTA

1. What sports are available? _____

2. What feature is specifically for children? _____

3. What kind of evening entertainment is provided? _____

4. Are any particular dishes mentioned? _____

5. What is the advantage of the all-included stay at this resort? _____

_____

B. Listen to a radio advertisement for the Royal Cartagena, another all-included resort.

Can you tell from the ad:

1. Where the resort is located? _____

2. Which meals, if any, are included? _____

3. What other attractions are available? _____

4. With regard to sports and recreation, what facilities are provided? _____
   _____

In which of these two resorts would you prefer to spend your vacation, the Royal Maeva or the Royal

Cartagena? Why? _____
_____

PALABRAS EN CONTEXTO

Presentación A • En busca de alojamiento

Actividad 1 Definiciones

Escuche las siguientes definiciones y ponga el número de la definición apropiada en el espacio en blanco.

_____ albergue estudiantil   _____ hotel

_____ parador   _____ pensión

_____ casa de huéspedes

Actividad 2 El hotel de Elisa y Sara

Escuche lo que dicen Elisa y Sara sobre su estancia reciente en un mismo hotel en Zihuatanejo. Apunte sus comentarios.

	ELISA	SARA
localización		
habitación		
servicios		
tranquilidad		

Presentación B • En la recepción

Actividad 3   ¿De qué habla?

Lea la lista, luego escuche las definiciones. Ponga el número de la descripción en el espacio en blanco apropiado.

①$4111 cuenta *dinero cobrar*   *2⑥* _____ servicio de habitación   *roomservic*   ②propina

④pensión completa   *all 3 meals*   ⑥_____caja de seguridad   *①⑤③* registro

Actividad 4   ¿Quién lo dijo?

Escuche lo que dicen las siguientes personas y escriba el número de su comentario en el espacio en blanco apropiado. ¡OJO! Cada persona dice más de una cosa.

④*sies* ⑥_____ botones *bellboy*   ②⑧*tres dos* _____ huésped *reaphonista*

siete ⑨①_____ telefonista *phone lady*   ⑤③1 _____ conserje *guest*

Actividad 5   Cuando llegué al hotel...

Escuche lo que dicen los siguientes individuos y escriba los nombres debajo del dibujo apropiado.

MODELO: El conserje le dio la llave a Marcos. → Marcos, dibujo a.   *Maria*

a. _____Marcos_____

cuenta huésped

b. _Gorgé_

botones propinaz dinero

c. _María_

conserje huésped

d. _Sara y Pedro_

botones malis

e. _Dolis y Ana_

telephonista

f. _Roberto_

Presentación C • Para cambiar dinero

Actividad 6   Después de cambiar dinero

Lea los siguientes recibos con atención y, basándose en la información que contienen, conteste las siguientes preguntas.

```
┌─────────────────────────────────────┐   ┌─────────────────────────────────────┐
│    AMERICAN EXPRESS MADRID           │   │    AMERICAN EXPRESS MADRID           │
│  TILL: 07  TRANS: 0038   22 JUL 92 11:53 │ │  TILL: 09  TRANS: 0055   04 JUN 93 12:36 │
│                                      │   │                                      │
│                                      │   │                                      │
│  BUY     US$   CHQ        800.00     │   │  BUY     US$   CHQ        800.00     │
│  EXCHANGE RATE:   94.37000           │   │  EXCHANGE RATE:  122.28700           │
│  LOCAL EQUIVALENT:       -75496      │   │  LOCAL EQUIVALENT:       -97830      │
│                                      │   │                                      │
│  TOTAL COMMISSION:            0      │   │  TOTAL COMMISSION/PREMIUM:      0    │
│  TOTAL DUE:              -75496      │   │  TOTAL DUE:              -97830      │
│                                      │   │                                      │
│  MADRID EUROPEAN CAPITAL OF CULTURE 1.992 │ │  THANKS FOR YOUR VISIT. HAVE A NICE DAY │
│  MADRID CAPITAL CULTURAL EUROPEA 1.992    │ │  GRACIAS POR SU VISITA-QUE TENGA BUEN DIA │
└─────────────────────────────────────┘   └─────────────────────────────────────┘
```

1. ...   2. ...   3. ...   4. ...   5. ...   6. ...   7. ...

Actividad 7   En el banco

Escuche las siguientes oraciones. Decida cuáles son las palabras del cliente y cuáles las del banquero y escriba el número en el espacio en blanco apropiado.

_____ cliente   _____ banquero

ESTRUCTURAS EN CONTEXTO

60. Comparing and Contrasting: Comparisons with tan/tanto... como

Actividad 1   Tres hoteles

Escuche las siguientes descripciones de los tres hoteles indicados debajo y apunte los números apropiados en los espacios.

	HOTEL SIERRA	HOTEL INCA	HOTEL ORTEGA
estrellas	_____	_____	_____
habitaciones	_____	_____	_____
restaurantes	_____	_____	_____
bares	_____	_____	_____
salas de conferencias	_____	_____	_____
estacionamiento	_____	_____	_____
otros servicios	_____	_____	_____
	_____	_____	_____

Actividad 2   Comparemos los hoteles

Basándose en la información obtenida en la actividad anterior, conteste las siguientes preguntas.

1. ...   2. ...   3. ...   4. ...   5. ...   6. ...   7. ...

Actividad 3   Tres ciudades

Lea la información del cuadro con atención. Basándose en ella, conteste las preguntas, usando **tanto(s)/tanta(s)**. Siga los modelos.

	VILLARES	GUADALAJARA	MANZANITAS
hoteles de 4 estrellas	1	1	2
hoteles de 3 estrellas	10	9	12
hoteles de 2 estrellas	15	16	15
pensiones	18	22	22
restaurantes	25	40	40
bares	44	44	32
clubes/discotecas	3	3	14

MODELOS: Con respecto a pensiones, ¿qué tienen en común Guadalajara y Manzanitas? →
Guadalajara tiene tantas pensiones como Manzanitas.

Con respecto a hoteles de 3 estrellas, ¿qué puede Ud. decir de Villares, Guadalajara
y Manzanitas? →
Villares y Guadalajara no tienen tantos hoteles de 3 estrellas como Manzanitas.

1. ...   2. ...   3. ...   4. ...   5. ...   6. ...   7. ...

61. Expressing Subjective Reactions: The Subjunctive

Actividad 4   Un compañero de viaje negativo

Imagínese que tiene un compañero de viaje muy negativo. Ud. acaba de leer un anuncio para un hotel,
que a Ud. le parece una ganga fantástica, pero a tu compañero no. Responda a los comentarios de su
compañero según el modelo.

MODELO: Es imposible que el precio sea tan barato. Ä
Me impresiona que el precio sea tan barato.

1. ... 2. ... 3. ... 4. ... 5. ... 6. ...

Actividad 5   De vacaciones en Varadero

Responda a las preguntas según el modelo.

MODELO: ¿Incluye el vuelo aéreo Bogotá–Varadero? →
Me sorprende que incluya el vuelo aéreo Bogotá–Varadero.

1. ... 2. ... 3. ... 4. ... 5. ... 6. ...

Actividad 6   ¿Cómo? ¿Qué dice?

Imagínese que acaba de llegar a un hotel y el conserje le dice una serie de cosas horrorosas. Responda según el modelo.

MODELO: Lo siento, pero no hay habitaciones disponibles. →
Es increíble que no haya habitaciones disponibles.

1. ... 2. ... 3. ... 4. ... 5. ... 6. ... 7. ...

62. *Repaso y expansión* • More on Telling What Happened and Describing the Circumstances

Actividad 7   ¿Qué hacía... ?

Escuche las descripciones y escriba el nombre de la persona descrita debajo del dibujo apropiado.

MODELO: Marcos esquiaba... → Marcos, dibujo a.

a. ___Marcos___   b. _____   c. _____

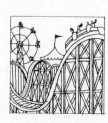

d. _____   e. _____   f. _____

Actividad 8   Dígame qué hacía...

Basándose en la información obtenida en la actividad anterior, conteste las siguientes preguntas según el modelo.

> MODELO: ¿Qué hacía Marcos cuando se le rompió la pierna? →
> Marcos esquiaba cuando se le rompió la pierna.

1. ...   2. ...   3. ...   4. ...   5. ...

Actividad 9   ¿Qué le pasó?

Escuche las siguientes descripciones y escriba el nombre de la persona descrita debajo del dibujo apropiado.

> MODELO: A Roberto se le acabó la gasolina. → Roberto, dibujo a.

a.   _Roberto_   b. _____   c. _____

d. _____   e. _____

Actividad 10   ¿Y qué hacía?

Basándose en las indicaciones escritas, conteste las siguientes preguntas según el modelo.

> MODELO: ¿Qué hacía Roberto cuando se le acabó la gasolina? (conducir el coche) →
> Conducía el coche.

1. esquiar
2. conducir el coche

3. subir a un árbol
4. andar de compras

LECCIÓN EN CONTEXTO

Actividad 1   Unas vacaciones no muy memorables

A. Escuche la siguiente narración e indique la información correcta. ¡OJO! En algunos casos puede indicar más de un detalle. Antes de comenzar, lea todo con atención.

1. Arturo y Elena fueron de vacaciones en ☐ crucero. ☐ febrero. ☐ México, D. F.

2. Cuando Arturo y Elena llegaron al aeropuerto, no encontraron ☐ sus maletas. ☐ a sus amigos. ☐ al gerente. ☐ su coche. ☐ su reservación.

3. Cuando llegaron al hotel, no había ☐ habitaciones. ☐ maletas. ☐ empleados.

4. Pasaron la noche en un hotel con ☐ cucarachas (*roaches*). ☐ estacionamiento. ☐ ruido (*noise*). ☐ cupones.

5. El agente de la aerolínea del hotel mandó sus maletas a ☐ los EE. UU. ☐ el aeropuerto. ☐ Chichén Itzá.

6. Decidieron terminar sus vacaciones definitivamente cuando no encontraron ☐ coche. ☐ pirámides. ☐ hotel. ☐ cheques de viajero.

B. Dé marcha hacia atrás a la cinta, escuche otra vez y conteste las siguientes preguntas. Lea las preguntas antes de comenzar.

1. ¿Qué datos sobre las maletas le dieron al agente Arturo y Elena? _____
   _____

2. ¿Qué les dijo a Arturo y Elena el gerente de la recepción del hotel? _____
   _____

3. ¿En qué tipo de hotel durmieron Arturo y Elena? _____
   _____

4. ¿Qué hicieron Arturo y Elena después de hablar con la agencia de alquiler de coches la segunda vez?
   _____
   _____

Actividad 2   De vacaciones en una tienda°   *tent*

Escuche el informe sobre los españoles que hacen camping y apunte los datos en los espacios en blanco apropiados.

Número de españoles que hacen camping: _____

Razones del aumento de camping en vehículos motorizados: _____
_____

Otra nueva moda: _____

Razones de esta moda: _____
_____

Actividad 3   Preguntas personales

Conteste las siguientes preguntas con información personal.

MODELO: ¿Qué tipo de alojamiento prefiere Ud.? →
         Prefiero hoteles de cinco estrellas pero no puedo pagar tanto.

1. ...   2. ...   3. ...   4. ...   5. ...   6. ...   7. ...

CAPÍTULO **16**

¡Por fin! ¿Dónde comemos?

DE ENTRADA

Before starting the tape, do Exercise A of the **De entrada**.

A. Look at this graphic that accompanied an article on cholesterol in *Vanidades*. Using the pictures, cognates, and vocabulary you already know, identify each of the six food groups. Note that the food groups differ somewhat from the traditional North American groups. Now try to guess the meaning of the following words:

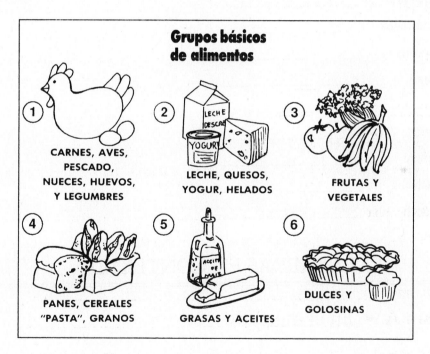

Grupos básicos de alimentos

1. CARNES, AVES, PESCADO, NUECES, HUEVOS, Y LEGUMBRES
2. LECHE, QUESOS, YOGUR, HELADOS
3. FRUTAS Y VEGETALES
4. PANES, CEREALES "PASTA", GRANOS
5. GRASAS Y ACEITES
6. DULCES Y GOLOSINAS

1. In the first group, **ave** _____ and **huevos** _____

2. In the fourth group, **grano** _____

3. In the fifth group, **grasas** _____

B. Now listen to a list of food items, and check off on the list below those you hear. Then, stop the tape briefly and write the number of the food group to which each of the items mentioned belongs. Finally, if you have time, jot down to the right of each word what you think it means, and check your guesses with a dictionary.

1. _____ jamón _____

2. _____ lechuga _____

3. _____ anchoas _____

4. _____ mantequilla _____

5. _____ espinacas _____

6. _____ plátano _____

7. _____ arroz _____

8. _____ aguacate _____

9. _____ frijoles _____

10. _____ trucha _____

11. _____ langosta _____

12. _____ zanahoria _____

13. _____ espárragos _____

14. _____ chocolate _____

15. _____ yogur _____

16. _____ manzana _____

17. _____ melón _____

18. _____ tomate _____

19. _____ salchicha _____

20. _____ bróculi _____

PALABRAS EN CONTEXTO

Presentación A • En el mercado

Actividad 1   ¿Qué es eso?

Escuche las siguientes descripciones y escriba el número al lado del alimento apropiado. ¡OJO! Hay menos descripciones que alimentos.

_____ arroz   _____ espinacas   _____ uvas   _____ espárragos

_____ melón   _____ naranja   _____ pera   _____ lechuga

_____ cebolla   _____ piña   _____ bróculi

Actividad 2   Combinaciones famosas

Lea la siguiente lista de alimentos y, luego, escuche una segunda lista de alimentos. Escriba el número de cada alimento de la segunda lista al lado del alimento de la primera que forma su pareja natural o típica. ¡OJO! No todas las combinaciones son comunes en la cultura estadounidense o canadiense.

MODELO: churros → churros y chocolate

_____ sándwich   _____ papas fritas   _____ frijoles   _____ tomate

_____ mantequilla   _____ tocino   _____ cereal   _M_ chocolate

Actividad 3   Mi sándwich favorito

Escuche las descripciones de los sándwiches favoritos de Magda, Lorenzo y Raimundo. Apunte los ingredientes.

MAGDA	LORENZO	RAIMUNDO
pan	*pan*	*pan*
mayonesa		

Presentación B • El menú

> NOTA CULTURAL
>
> You may be familiar with the Spanish hors d'oeuvres called **tapas**. After work, Spaniards gather in neighborhood bars for a beer or a glass of wine or **coñac**. While chatting and drinking they nibble on small portions of foods like smoked sausage, herbed olives, salted almonds, sauteed mushrooms, fried squid, and so forth. Similar appetizers are served in other countries. For example, in Costa Rica, depending on the bar, **bocas** are often complimentary and an assortment may include **ceviche** (marinated raw fish), white beans, small meatballs, black-bean tacos, fish cakes, steamed mussels, or fried plantains. When sampling **tapas** or **bocas**, relax and enjoy the converstion and slow pace.

Actividad 4   Algunos platos muy sabrosos

Escuche los nombres de los platos mencionados y escríbalos en la categoría correcta.

entremeses   _____

sopas   _____

huevos   _____

pescados   _____

asados y parrillas   _____

legumbres   _____

postres   _____

Actividad 5 ¿Cuándo se come?

Escuche los nombres de los platos y comidas e indique cuándo se comen usualmente. ¡OJO! Algunos platos y comidas se comen más de una vez al día.

	DESAYUNO	ALMUERZO	CENA
1.	☐	☐	☐
2.	☐	☐	☐
3.	☐	☐	☐
4.	☐	☐	☐
5.	☐	☐	☐
6.	☐	☐	☐
7.	☐	☐	☐
8.	☐	☐	☐

Presentación C • En el restaurante

Actividad 6 ¡A todos les gustó lo que pidieron!

Mire el dibujo con atención y basándose en él, conteste las preguntas.

MODELO: ¿Quién es vegetariano? → Cecilia es vegetariana.

Actividad 7 Algunos salieron disgustados

Escuche las grabaciones que hicieron algunos clientes disgustados del Restaurante La Perla. Apunte la información en los espacios en blanco.

Nombre del cliente:	*Don Raimundo de Carrión*
Día de la visita:	
Quejas de la comida servida:	
Quejas del servicio:	
Quejas del ambiente o la mesa:	

Nombre del cliente:	*María Eugenia Clara Rosario de Núñez*
Día de la visita:	
Quejas de la comida servida:	
Quejas del servicio:	
Quejas del ambiente o la mesa:	

Actividad 8   Unas reseñas de restaurantes

Escuche las reseñas de dos restaurantes de Bogotá y apunte los detalles en los espacios apropiados. No se preocupe si no capta toda la información.

Nombre: _____	Teléfono: _____
Dirección: _____	Horas: _____
Especialidades: _____	
Aspectos buenos: _____	
Aspectos malos: _____	

Nombre: _____	Teléfono: _____
Dirección: _____	Horas: _____
Especialidades: _____	
Aspectos buenos: _____	
Aspectos malos: _____	

ESTRUCTURAS EN CONTEXTO

63. Saying That You Have Done Something: The Present Perfect Tense

Actividad 1   ¡Ya ha hecho mucho!

Santiago va a darle una fiesta de sorpresa a su novia. Escuche e indique lo que Santiago ya ha hecho.

☐ comprar las flores

☐ abrir el vino

☐ escoger los discos compactos

☐ pasar la aspiradora

☐ afeitarse

☐ lavar las papas

☐ preparar la sopa

☐ ducharse

☐ lavar el baño

☐ poner la mesa

☐ hacer la torta de manzana

☐ vestirse

Actividad 2   ¿Qué no ha hecho?

Ahora diga todo lo que Santiago todavía no ha hecho.

> MODELO: ¿Escogió Santiago los discos compactos? →
> Todavía no ha escogido los discos compactos.

1. ...   2. ...   3. ...   4. ...

Actividad 3   En el nuevo restaurante

Mire el dibujo con atención. Basándose en los detalles del dibujo, conteste las siguientes preguntas, según el modelo.

> MODELO: ¿Han cubierto todas las mesas con los manteles? → Sí, han cubierto todas las mesas.

64. More On Describing: The Relative Pronouns **que** and **quien(es)**

Actividad 4 ¿Cómo se llama el restaurante que...?

Lea los anuncios de restaurantes con atención, enfocando en particular lo que sirven y los servicios y comodidades que ofrecen. Después, basándose en la información dada en los anuncios, conteste las preguntas según el modelo.

> MODELO: ¿Qué restaurante sirve platos argentinos? →
> El restaurante que sirve platos argentinos se llama La Pampa Tucumán.

Actividad 5 Beto en la cocina

Basándose en las indicaciones escritas, responda a los comentarios según el modelo.

> MODELO: El vaso es de cristal. → El vaso que rompe Beto es de cristal.

1. tomar	3. probar	5. cortar
2. oler (*smell*)	4. servir	6. romper

65. Describing Beyond Your Experience: The Subjunctive in Adjectival Clauses

Actividad 6 ¿Conoce Ud...?

Conteste las siguientes preguntas afirmativamente, según el modelo.

> MODELO: ¿Conoce Ud. algún restaurante que sirva plátanos fritos? →
> Sí, conozco un restaurante que sirve plátanos fritos.

1. ... 2. ... 3. ... 4. ... 5. ... 6. ...

Actividad 7   No, no conozco...

Conteste las siguientes preguntas negativamente, según el modelo.

> MODELO: ¿Conoce Ud. un restaurante que sirva plátanos fritos? →
> No, no conozco ningún restaurante que sirva plátanos fritos.

1. ...   2. ...   3. ...   4. ...   5. ...   6. ...

Actividad 8   A ciegas: Algunos restaurantes buenos

A.   Basándose en la información del cuadro, conteste las siguientes preguntas.

> MODELO: ¿Hay algún restaurante que sirva platos regionales? →
> No, no hay ningún restaurante que sirva platos regionales.

	EL ARCO	LA REINA	MARIMBA	MONTE RÍO	EL PESCADOR
abierto los domingos	sí	1. _____	no	sí	sí
bar	no	sí	sí	sí	2. _____
terraza o patio	3. _____	no	sí	sí	sí
especialidades regionales	no	no	no	no	no
platos vegetarianos	no	no	no	no	no
pescados y mariscos	sí	4. _____	no	no	sí
servicio a domicilio	no	no	no	no	no
salones grandes para grupos	no	sí	5. _____	no	no

B.   Ahora, haga preguntas para completar el cuadro, según el modelo. También, apunte los otros detalles que se mencionan.

> MODELO: 1. ¿Está abierto los domingos La Reina? →
> Sí, La Reina está abierto los domingos. Está abierto de la una de la tarde a las once de la noche

LECCIÓN EN CONTEXTO

Actividad 1   Un restaurante elegante

Escuche el siguiente anuncio de un restaurante elegante e indique los detalles correctos.

1. El restaurante se llama ☐ Mar y Sal. ☐ Plaza Veracruz. ☐ Mar y Sol. ☐ Mar.

2. La atmósfera es ☐ sofisticada. ☐ elegante. ☐ barata. ☐ de mariscos.

3. El restaurante está abierto ☐ para el almuerzo. ☐ para la cena. ☐ todos los días. ☐ hasta medianoche.

4. Una especialidad de la casa es ☐ crema de pollo. ☐ pollo de casa. ☐ pollo asado. ☐ crema de mariscos.

5. Entre los platos vegetarianos hay ☐ judías verdes con tomate. ☐ ensaladas mixtas. ☐ alcachofas con mayonesa.

6. De postre, los clientes pueden pedir ☐ tortas de elaboración propia. ☐ helados. ☐ fruta fresca.

Actividad 2   Dos servicios innovadores

Escuche los siguientes anuncios para dos servicios innovadores. Apunte todos los detalles que pueda en los espacios apropiados.

Nombre del servicio: _____ Teléfono: _____

Descripción del servicio: _____

_____

Nombre del servicio: _____ Teléfono: _____

Descripción del servicio: _____

_____

Actividad 3   Preguntas personales

Conteste las siguientes preguntas con información personal.

MODELO: ¿Qué tipo de restaurante prefiere Ud. y por qué? →
Prefiero un restaurante que sea barato porque no tengo mucho dinero.

1. ...   2. ...   3. ...   4. ...   5. ...   6. ...   7. ...   8. ...

CAPÍTULO **17**

¿Dónde se encuentra... ?

DE ENTRADA

Before starting the tape, do Exercise A of the **De entrada**.

A. Look at this form used in Spain to send a telegram. Relying on the layout of the form, cognates and vocabulary you may already know, answer the following questions.

**EL EXPEDIDOR DEBE RELLENAR ESTE IMPRESO, EXCEPTO LOS RECUADROS EN TINTA ROJA
SE RUEGA ESCRIBA CON LETRAS MAYUSCULAS O CARACTERES DE IMPRENTA**

INS. O NUMERO DE MARCACION	SERIAL	N.º DE ORIGEN		INDICACIONES TRANSMISION
	LINEA PILOTO		T E L E G R A M A	
OFICINA DE ORIGEN		PALABRAS	DIA / HORA / IMPORTE EN PESETAS	

INDICACIONES: DESTINATARIO: ....
SEÑAS: ....
TELEFONO: ....   TELEX: ....
DESTINO: ....

TEXTO: ....
....
....
....
....

SEÑAS DEL   NOMBRE: ....   TFNO.: ....
EXPEDIDOR   DOMICILIO: ....   POBLACION ....

Sistemas de Control

1. What do you think **letras mayúsculas o caracteres de imprenta** means?

   _____

2. Who is the **expedidor**, the sender or recipient? _____

3. Who is the **destinatario**? _____

4. What word indicates where you write your message? _____

5. What word indicates where you write instructions like "urgent" or "return receipt"?

   _____

6. Where would you write the recipient's address? _____

B. Now listen to the following radio announcement for a new tourist service available by phone. First, check the two services you would most like to have conveniently available by phone.

☐ free interpreters ☐ up-to-date information about exchange rates ☐ hotel vacancy updates ☐ culture and entertainment information ☐ weather forecasts ☐ information about discounts and reduced prices ☐ a "history hot line" ☐ explanations of common menu items ☐ train and bus information ☐ advice on tipping ☐ news items from your home country ☐ addresses and phone numbers of hospitals ☐ information about local church services ☐ availability of language classes

other: _____

Now listen to the announcement and jot down the following:

1. Name of the service: _____

2. Days and hours available: _____

3. Telephone number: _____

Listen again and check off, on the list above, all of the services you hear mentioned. Would your desires and needs be satisfied by this service? _____

PALABRAS EN CONTEXTO

Presentación A • Cómo orientarse a pie

Actividad 1   ¿Dónde está... ?

Mire el mapa con atención. Luego, escuche las siguientes direcciones para llegar a ciertos lugares e indíquelos en el mapa, escribiendo el número dentro de un círculo. En cada caso Ud. sale de la salida del metro.

Actividad 2   ¿Dónde viven sus amigos?

Mirando el mapa de la actividad anterior, escuche los siguientes nombres y las direcciones. Escriba la letra correspondiente al nombre de cada persona dentro de la casa donde vive. (Leo = L, María = M, Nora = N, Oscar = O, Paco = P, Ricardo = R, Sara = S)

1. ...   2. ...   3. ...   4. ...   5. ...   6. ...   7. ...

Presentación B • Las necesidades de la vida cotidiana

Actividad 3   Asociaciones

Escuche las siguientes series de palabras o términos, e indique el negocio correspondiente.

MODELO: periódicos, libros de bolsillo, revistas → el kiosko

_____M___ kiosko   _____ farmacia

_____ estanco   _____ perfumería

_____ papelería   _____ almacén

Actividad 4   ¿Qué han decidido?

Escuche las descripciones y escriba el nombre debajo del dibujo apropriado.

MODELO: Elena ha decidido escribirle una carta a su novio. → Dibujo a.

a. ____Elena____   b. _____   c. _____

d. _____ e. _____ f. _____

Actividad 5   Y después, ¿qué hicieron?

Ahora, basándose en los dibujos de la actividad anterior, conteste las siguientes preguntas.

> MODELO: ¿Quién tiene que ir al gran almacén o a una boutique? →
> Rosa tiene que ir al gran almacén o a una boutique.

1. ...   2. ...   3. ...   4. ...   5. ...

Presentación C • Servicios de correo y teléfono

Actividad 6   Identificaciones

Escuche la siguiente lista de palabras y nombres y ponga el número de cada uno al lado del objeto correspondiente. Los números 1–5 pertenecen al correo; los números 6–10 pertenecen a la telefónica.

Actividad 7   Servitel

Escuche la grabación que el Hotel Garibaldi les ofrece a sus huéspedes. Apunte los nombres, números de teléfono y las direcciones que se dan. No se preocupe si no puede captar todos los datos: simplemente escuche otra vez si es necesario. ¡OJO! A veces se da sólo el número de teléfono o la dirección.

Óptica _____

Farmacia _____

Taxi _____

RENFE _____

Hospital _____

Perfumería _____

Peluquería _____

Correo _____

Telefónica _____

Actividad 8   Para enviar un paquete

Lea el formulario con atención: es el que se usa para certificar o registrar un paquete en España. Luego, imagínese que es empleado del correo y ayúdele a un cliente a llenar el formulario: escuche la información que da y escríbalo en el formulario.

CORREOS Envío CERTIFICADO Núm. ....

REMITENTE ....

Calle .... n.º ....

en ....

DESTINATARIO ....

Calle .... n.º ....

en ....

M-11   UNE A.6/GANDOLFO/1991

Sello
de
fechas

CLASE		MODALIDAD	
Carta	☐	Contra reembolso . .	☐
Periódico	☐	Pesetas	☐
Impreso	☐	Con aviso de recibo	☐
Paquete de películas	☐	Urgente	☐
Paquete Postal	☐	. . . .	

66. More on Describing Beyond Your Experience: The Subjunctive in Adjectival (Relative) Clauses

Actividad 1   ¿Qué servicios hay?

Basándose en la información que contiene el cuadro, conteste las siguientes preguntas según el modelo. ¡OJO! Los tres pueblos están a poca distancia.

> MODELO: ¿Hay una farmacia en San José que venda champú americano? →
> No, no hay ninguna farmacia en San José que venda champú americano. Pero en San Pedro hay una farmacia que lo vende.

	SAN PEDRO	SAN JOSÉ	SANTA BÁRBARA
papelería	—	—	—
kiosko	X	X	—
lavandería	—	—	—
farmacia	X	—	—
perfumería	X	—	—
tintorería	—	—	—
telefónica	X	X	X
peluquería	—	—	—

Actividad 2   Compras urgentes

Imagínese que a Ud. se le perdieron las maletas. Basándose en las indicaciones escritas, haga preguntas, según el modelo. Escuche con cuidado las respuestas e indique si la respuesta es afirmativa o negativa. Si la respuesta es afirmativa, apunte el nombre de la tienda recomendada.

> MODELO: (farmacia / champú) →
> ¿Hay alguna farmacia donde pueda comprar champú?
> No hay ninguna farmacia donde pueda comprar champú.

		SÍ	NO	
1.	banco / cambiar cheques de viajero	____	____	_____
2.	agencia de viajes / confirmar las reservas	____	____	_____
3.	telefónica / hacer una llamada a cobro revertido	____	____	_____
4.	tienda / comprar pantalones y camisas	____	____	_____
5.	zapatería / comprar zapatos	____	____	_____
6.	perfumería / comprar crema de afeitar, cepillo y pasta de dientes	____	____	_____

Actividad 3   En la oficina de turismo

Imagínese que Ud. trabaja en una oficina de turismo en un pueblo muy pequeño. Conteste todas las siguientes preguntas negativamente, según el modelo.

> MODELO: ¿Hay un museo que tenga exhibiciones para niños? →
> No, no hay ningún museo que tenga exhibiciones para niños.

1. ...   2. ...   3. ...   4. ...   5. ...   6. ...

67. Conveying Politeness, Hypothesizing, and Anticipating: The Conditional

Actividad 4   Pues, yo les diría...

Basándose en las indicaciones escritas, ofrezca sugerencias. Siga el modelo.

> MODELO: Quieren ir a un mesón típico. (recomendar / el mesón Alba) →
> Les recomendaría el Mesón Alba.

1. sugerir / el parque central
2. recomendar / el Café Universal
3. aconsejar / una excursión al mercado
4. sugerir / el museo arqueológico
5. recomendar / la Colonia Rosales
6. mencionar / la Agencia Mundial
7. indicar / un paseo por el Bosque Nacional

Actividad 5   Los planes de Armando

Imagínese que Ud. viaja con Armando y Héctor. Armando les explica lo que piensa hacer hoy pero Héctor no lo capta. Repítale a Héctor lo que les dijo Armando, según el modelo.

> MODELO: Iré al banco. —¿Qué dijo? → Dijo que iría al banco.

1. ...   2. ...   3. ...   4. ...   5. ...   6. ...   7. ...   8. ...

Actividad 6   ¿Dónde está... ?

Imagínese que su amigo y Ud. tienen un compañero de apartamento a quien le gusta hacer favores. Basándose en las indicaciones escritas, responda a las siguientes situaciones. Siga el modelo.

> MODELO: ¿Dónde está mi carta? (correo / mandar) →
> Marcos dijo que iba al correo y que la mandaría.

1. banco / depositar
2. biblioteca / devolver
3. tintorería / mandar a lavar en seco
4. almacén / devolver
5. lavandería / lavar
6. farmacia / entregar

68. *Vista previa* • The Imperfect Subjunctive

Actividad 7   ¡Pobre Rogelio!

Lea esta lista de los problemas de Rogelio. Luego, escuche su triste narración e indique el orden en que ocurrieron los problemas.

_____ Le pareció increíble que no hubiera farmacia cerca del hotel.

_____ Le pareció increíble que el mesero no aceptara su cheque personal.

_____ Le enfadó que el conserje del hotel no aceptara su cheque personal.

_____ Le molestó que tuviera una mancha en los pantalones.

_____ Le sorprendió que no se vendían sellos en el hotel.

_____ Le sorprendió que no se pudiera marcar el número directamente.

_____ Le enfadó que la tintorería no le devolviera su traje.

_____ Le sorprendió que el taxi costara tanto.

_____ Le molestó que los pantalones le quedaran apretados.

Actividad 8 A ciegas: los servicios de la Telefónica

A. Basándose en la información del cuadro, conteste las siguientes preguntas.

MODELOS: ¿Cuál es el número de teléfono de la información horaria? → Es el 093.

¿Cuál es el horario de servicio? →
Se puede usar el servicio todos los días, 24 horas diarias.

información horaria	093	todos los días	24 horas diarias
información meteorológica	094	1. _____	6:00–22:30
información toxicológica	2. _____	lunes a viernes	8:00–20:00
despertador automático	096	todos los días	3. _____
telegramas por teléfono	4. _____	lunes a viernes	9:00–23:00
taxis	593	todos los días	5. _____
metro	568	6. _____	6:00–22:00
bomberos	008	todos los días	24 horas diarias
policía	091	todos los días	24 horas diarias

B. Ahora, haga preguntas para completar la información en su cuadro.

MODELO: 1. ¿En qué días se puede consultar la información meteorológica? →
Se puede consultar la información meteorológica todos los días.

LECCIÓN EN CONTEXTO

NOTA CULTURAL

Latin America, like the rest of the world, is taking full advantage of technological advances to improve communication services. Telephone companies install high-tech cable, and cellular phones are common; postal systems compete with express delivery services, and FAX machines also transmit documents quickly. If you use the phone when you travel, you may find yourself connected to someone's voice mail or leaving a message on an answering machine!

Actividad 1   Servicios gratuitos en Madrid

Escuche dos anuncios sobre números de información particular que se ofrecen en Madrid. En cada caso, apunte la información indicada en los espacios en blanco.

1. Número de teléfono: _____

2. Nombre del servicio: _____

3. Otros datos de interés relativo al servicio: _____

    _____

    _____

4. Número de teléfono: _____

5. Nombre del servicio: _____

6. Otros datos de interés relativo al servicio: _____

    _____

    _____

Actividad 2   Preguntas personales

Para esta actividad, no hay respuestas exactas. Conteste las siguientes preguntas con información personal.

MODELO: ¿Hay algún lugar donde se vendan periódicos mexicanos o españoles en su ciudad? →
No. En mi ciudad no hay lugar donde se vendan periódicos mexicanos o españoles.

1. ...   2. ...   3. ...   4. ...   5. ...   6. ...   7. ...   8. ...

CAPÍTULO **18**

La geografía y la cultura

DE ENTRADA

Before starting the tape, do Exercise A of the **De entrada.**

A. The Comunidad de Madrid publishes brochures for visitors who want to get to know the area by automobile. The map below suggests a route to the west of Madrid. Look at the route and answer the following questions.

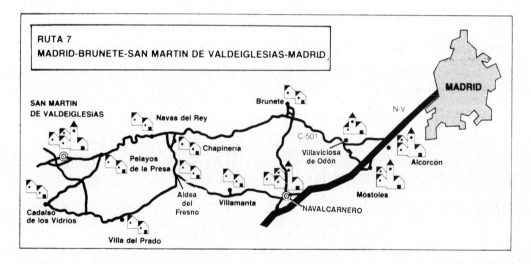

1. What towns does the major road connect? _____

   _____

2. Using the symbols that indicate the relative sizes of the towns, which is bigger, San Martín de

   Valdeiglesias or Alcorcón? _____

   Name the two other towns which are similar in size to these. _____

   _____

3. What town is the next smallest in size? _____

4. Aldea del Fresno and Villa del Prado are two of the smallest towns indicated on the map. Can you guess what **aldea** and **villa** might mean? _____

   Fresno is also the name of a city in California's Central Valley. Do you know what **fresno** means?

   _____

   If you are familiar with art history, great museums, or Madrid, you know that a major museum there is called the Prado. Do you know what **prado** means? _____

B. Visitors to Puerto Rico can include a visit to El Yunque in a tour of the island. Listen to a brief radio announcement for El Yunque, which lies within El Bosque Nacional del Caribe in Puerto Rico. The announcement offers advice to visitors. Before listening, stop the tape for a moment and think about the kinds of advice generally given to visitors to the national parks in North America.

What different kinds of information do you think would be useful to you if you were traveling to a park in Puerto Rico?

_____

_____

As you listen to the announcement, check any of the subjects you hear mentioned:

☐ horario ☐ excursiones organizadas ☐ servicios de emergencia ☐ insectos ☐ clima

☐ ropa recomendada ☐ animales ☐ plantas ☐ centro de información

☐ programas educativos ☐ mapas ☐ guías ☐ investigaciones científicas

If you have time, listen again and jot down additional details about the one or two topics that are of greatest interest to you.

_____

_____

Has this radio announcement made you curious to visit this jungle park in Puerto Rico? If you have a chance to go to El Yunque, listen for the **coquí**.

PALABRAS EN CONTEXTO

Presentación A • La geografía: España

Actividad 1   Definiciones mediante ejemplo

Conteste las siguientes preguntas escogiendo la respuesta apropiada de la lista.

- Los Pirineos, el Mar Mediterráneo, el Océano Atlántico
- Madrid
- Cádiz, Barcelona, La Coruña
- El País Vasco, Cataluña, Madrid, Asturias
- El gallego, el vasco, el catalán, el español
- Portugal y España
- El Guadalquivir, el Guadiana, el Tajo, el Duero, el Ebro

1. ...   2. ...   3. ...   4. ...   5. ...   6. ...   7. ...

Actividad 2 Las costas españolas

Mire el mapa con atención. Después, escuche las descripciones y escriba en el mapa el nombre de la costa descrita.

Presentación B • La geografía: Hispanoamérica

Actividad 3 La geografía de Sudamérica

¿Cuánto sabe Ud. de la geografía de Sudamérica? Escuche los siguientes nombres (de países, cordilleras, islas, bahías, ríos, ciudades) y escriba el número y el nombre en el mapa.

> MODELO: Tierra del Fuego →
>   Tierra del Fuego está
>   al extremo sur.

Actividad 4   Más información

Ahora, escuche las descripciones de ciudades, países, bahías y lagos y escriba el número y el nombre de lo que se describe en el mapa de la actividad anterior.

1. ...   2. ...   3. ...   4. ...   5. ...   6. ...   7. ...

Presentación C • Las maravillas del mundo hispano

Actividad 5   Las maravillas definidas

Escuche las definiciones y escriba el número de la definición en el espacio apropiado. Las definiciones 1–5 se refieren a construcciones del ser humano. Las definiciones 6–10 se refieren a rasgos geográficos. Antes de comenzar, lea la lista con atención y anticipa algunos elementos de las definiciones.

_____ castillo   _____ palacio

_____ Andes   _____ Titicaca

_____ Popocatépetl   _____ Amazonas

_____ pirámide   _____ catedral

_____ Iguazú   _____ estatua

NOTA CULTURAL

The cultures and peoples directly encountered by Spaniards as they entered the New World are better known to most of us than earlier ones. But the cultural history of pre-Columbian North and South America is equally fascinating. For example, before the rise of the Incas, several cultures that once inhabited the Peruvian coast had disapeared. You may have also heard about the Nazca culture because of the figures, lines, and animals etched on the surface of southern Peruvian deserts. These are visible from the air. If you read magazines such as _National Geographic, Geo,_ or _Smithsonian,_ you know that archaeologists and anthropologists are actively recovering and reconstructing the histories of these earlier peoples and civilizations.

Actividad 6   La fundación, la conquista, y el descubrimiento

Escuche la siguiente relación de algunos acontecimientos históricos importantes y apunte los datos en los espacios en blanco. Escuche dos veces: la primera para apuntar los años mencionados y la segunda para apuntar los nombres de los conquistadores. ¡OJO! No todos los nombres son personales.

	AÑO	CONQUISTADORES/ FUNDADORES/DESCUBRIDORES
1. La conquista del imperio de los aztecas	_____	_____
2. La conquista del imperio de los incas	_____	_____
3. La fundación de Santo Domingo	_____	_____
4. El descubrimiento de las tumbas mayas del Río Azul (Yucatán)	_____	_____
5. El descubrimiento de las tumbas de los moches de Sipán (Perú)	_____	_____

ESTRUCTURAS EN CONTEXTO

69. Discussing Future Plans: The Subjunctive in Adverbial Clauses of Time

Actividad 1   Planes para las vacaciones

Imagínese que viaja con dos amigos. Escuche los planes que propone uno de ellos y escriba el número y una o dos palabras clave debajo del dibujo apropiado.

> MODELO: 1. Inmediatamente después de que lleguemos, quiero explorar el centro de la capital, con sus rascacielos y edificios modernos. →
> Número 1, explorar la capital, dibujo f.

a. _____

b. _____

c. _____

d. _____

e. _____

f. __1__

g. _____

Actividad 2   Quiero saber cuándo...

Basándose en las indicaciones escritas, conteste las preguntas según el modelo.

> MODELO: ¿Cuándo explorarán Uds. la isla? (el vuelo / aterrizar) →
> Exploraremos la isla cuando el vuelo aterrice.

1. el taxista / indicárnoslos
2. el autobús / parar en el pueblo
3. las puertas / abrirse

4. el sol / salir
5. el museo / abrirse
6. yo / encontrar los boletos

Actividad 3   Un horario lleno de actividades

Lea con cuidado la lista de actividades de un amigo y conteste las preguntas del otro amigo, según el modelo.

MODELO: ¿Cuándo vamos a desayunar? (después de que) →
Vamos a desayunar después de que Mariana llegue al hotel.

	7:30	*Mariana llega al hotel*
	8:00	*Desayunamos*
	9:00	*Salimos a las ruinas; luego esperamos a Rosalía*
	9:30	*Rosalía se reúne con nosotros en las ruinas*
	10:00	*El guía nos explica las ruinas*
	12:30	*Almorzamos*
	2:00	*Juan nos lleva a la costa*
	4:00	*Vamos al museo; miramos la exposición*
	7:00	*El museo se cierra; volvemos al hotel*

1. después de que
2. hasta que
3. antes de que

4. después de que
5. después de que
6. hasta que

70. *Repaso y expansión* • The Past Progressive and Future Progressive Tenses

Actividad 4   ¿Qué estaba haciendo... ?

A. La semana pasada hubo un terremoto, o sea un seísmo (*earthquake*). ¿Qué estaban haciendo estos habitantes y viajeros en aquel momento? Escuche y apunte los nombres de las personas debajo del dibujo apropiado.

MODELO: Los Villalba estaban hablando de la película cuando...   → Los Villalba, dibujo a.

a. ___los Villalba___   b. _____   c. _____   d. _____

e. _____   f. _____   g. _____

B. Ahora, basándose en las informaciones obtenidas en la **parte A**, conteste las preguntas según el modelo.

> MODELO: ¿Qué estaban haciendo los Villalba cuando ocurrió el terremoto? →
> Estaban hablando de la película.

Actividad 5   Los planes de sus amigos

Mariana es una mujer un poco indecisa. Lea su agenda y conteste las preguntas según lo que dice en ella. Siga el modelo.

> MODELO: Es sábado por la tarde ¿Qué estará haciendo Mariana? →
> Estará almorzando con su mamá.

	LUNES	MARTES	MIÉRCOLES	JUEVES	VIERNES	SÁBADO	DOMINGO
8:00	¿reunirme con el jefe?			¿resolver los problemas del horario?		¿ir de compras con Mamá?	¿dormir hasta el mediodía?
12:00		¿escribir el informe?	¿leer los memorandos?		¿salir con Rodrigo?	¿servirle el almuerzo a Mamá?	
5:00							

71. *Repaso y expansión* • The Past Perfect and Future Perfect Tenses

Actividad 6   ¿Qué habrá hecho Mariana?

Ahora, basándose otra vez en los planes de Mariana, explique lo que ella habrá hecho al final de cada día.

> MODELO: ¿Qué habrá hecho el lunes? → Se habrá reunido con su jefe.

1. ...   2. ...   3. ...   4. ...   5. ...   6. ...

Actividad 7   ¡No me digas!

A Juan no le salió nada bien la semana pasada. Basándose en las indicaciones escritas, conteste las preguntas según el modelo.

> MODELO: ¿Ellos cancelaron el viaje? (Juan hizo las reservaciones.) →
>   Sí, y Juan ya había hecho las reservaciones cuando cancelaron el viaje .

1. Juan escribió una carta de confirmación.
2. Juan cambió los cheques de viajero.
3. Juan salió del hotel sin abrigo.
4. Juan se acostó.
5. Juan compró las entradas al museo.
6. Juan pagó la cuenta.

72. Uses of lo

Actividad 8   Una revista para todos

18 FRAUDE EN LA LECHE. Dieciséis marcas españolas de leche no ofrecen al consumidor leche natural, sino una mezcla de varios aditivos. Foto de portada: Luis Rubio.

Lea el índice (en la página 192) con atención y basándose en ello, conteste las preguntas. Siga el modelo.

> MODELO: ¿En qué página abriría la revista una persona interesada en lo tecnológico? →
> Una persona interesada en lo tecnológico la abriría en la página 112.

1. ...   2. ...   3. ...   4. ...   5. ...

LECCIÓN EN CONTEXTO

Actividad 1   La Virgen del Carmen

Lea la siguiente lista de información pedida. ¿Qué tipo de información se oirá para cada categoría? Luego, escuche la descripción de las festividades de la Virgen del Carmen y apunte la información pedida en los espacios en blanco apropiados.

La Virgen del Carmen es la santa patrona de: _____

Zona de más devoción a la Virgen del Carmen: _____

Fecha de las festividades: _____

Elementos de las festividades: _____

_____

_____

Actividad 2   Preguntas personales

Para esta actividad, no hay respuestas exactas. Conteste las siguientes preguntas con información personal.

> MODELO: ¿Cuáles son los accidentes geográficos más notables de su estado? →
> Aquí en Wisconsin son notables los lagos, en particular el lago Michigan.

1. ...   2. ...   3. ...   4. ...   5. ...   6. ...   7. ...   8. ...

CAPÍTULO 19

El individuo en su ambiente

DE ENTRADA

Before starting the tape, do Exercise A of the **De entrada.**

A. The graphic below illustrates a phase in the armed rebellion which shocked Mexico during the first few days of 1994. The revolt was initiated by indigeneous inhabitants of the state of Chiapas, in protest against the federal government's perceived racism. Within days, the situation had become extremely complicated, as the graphic suggests.

1. Do you recognize the names of any of the cities named on the map? Which ones?

   _____ Which city do you think is the capital of

   the state of Chiapas? _____ Which of the city names include

   words you think might be indigenous in origin? _____

   _____

2. What do you think **ejército** in the first sentence of the small box means? _____

   What do you think the verb **toma** means in the same sentence? _____

3. Although we use the borrowed Spanish word **guerrilla** to refer to the participants or combatants, in Spanish it means *little war* and refers to the conflict. What do you think the verb phrase **se ha retirado** means? _____ What can you tell about the geography of the state of Chiapas from the other information in that sentence? _____
   _____

4. The term **denuncia** means *accusation*. What accusation was being made? _____
   _____

   Which side is being criticized? (The graphic's title provides a clue.) _____
   _____

B. Although armed rebellion may not be a preoccupation we share with other countries, the disposal of solid waste (*residuos peligrosos*) is. Listen to the following radio announcement for a recycling center. Before beginning, check off the items that are recycled in your area:

☐ vidrio ☐ aluminio ☐ plástico ☐ madera ☐ metales ☐ papel ☐ cartón

☐ pilas ☐ aceite usado ☐ baterías de automóvil ☐ medicamentos ☐ cemento

☐ tubos fluorescentes ☐ pinturas y líquidos solventes ☐ radiografías

Now listen to the announcement and check all of the above items you hear mentioned.

Finally, listen again to note the system's three objectives.

1. _____
2. _____
3. _____

Is a facility like this one available to consumers where you live? _____

PALABRAS EN CONTEXTO

Presentación A • ¿Qué problemas hay en el mundo?

Actividad 1 Los problemas sociales en El Salvador

Escuche este anuncio creado por la UNOC (Unión Nacional Obrero Campesina) de El Salvador. Fue transmitido en radio. Escuche e indique los problemas sociales que se mencionan. Antes de escuchar, lea la lista de problemas con atención.

_____ el hambre   _____ la delincuencia

_____ los asaltos a casas   _____ el robo de vehículos

_____ el paro   _____ el alcoholismo

_____ el asesino en la calle   _____ la toxicomanía

Actividad 2 La consecuencia lógica

Lea la lista de algunos problemas sociales comunes. Luego, escuche las declaraciones y escriba el número de cada declaración en el espacio en blanco apropiado.

_____ paro   _____ alcoholismo

_____ pobreza   _____ racismo

_____ huelga   _____ hambre

_____ corrupción

Presentación B • La política

Actividad 3 Asociaciones

Primero, lea con atención la lista de cargos de gobierno. Después, escuche los nombres relacionados con esos cargos. Luego, escriba en el espacio en blanco después de cada palabra el nombre con que ésta se relaciona.

MODELO: diputado → Congreso

alcalde   _____

presidente   _____

senador   _____

juez   _____

gobernador   _____

diputado   ___*Congreso*_____

Actividad 4 El gobierno de los EE. UU.

Lea los siguientes nombres y piense en posibles definiciones. Luego, escuche las siguientes definiciones y escriba el número de la definición en el espacio apropiado. ¡OJO! Hay más definiciones que términos.

_____ gobernador   _____ Departamento de Vivienda

_____ alcalde   _____ Departamento de Estado

_____ senador   _____ Departamento de Justicia

_____ presidente

NOTA CULTURAL

In Spain, as in many countries, citizens vote on Sundays. Local schools and even some churches are polling places (**colegios electorales**). Polls (**las urnas**) open at 9 A.M. and close at 9 P.M. Voters' names must appear on the official census lists (**censo de votantes**), and special assistance is available on that Sunday for voters who encounter difficulties casting their ballots. Ballots are counted the same day in Spain. By contrast, in other Spanish-speaking countries, such as Bolivia, where telecommunications are underdeveloped and mountain transportation is extremely difficult, the entire process of voting and counting the ballots can take weeks. In fact, some voters in remote areas of South America must walk for two days just to get to their polling place!

Actividad 5 ¡La elección es hoy!

Escuche el anuncio transmitido el día de las elecciones en España y apunte la información en los espacios apropiados.

INFORMACIÓN SOBRE LAS ELECCIONES

Número de teléfono: _____

Horario de la línea de información: _____

Información que se transmite: _____

_____

_____

Actividad 6 A ciegas: algunos presidentes hispanos

A. Basándose en la información del cuadro, conteste las siguientes preguntas.

MODELO: ¿Quién es el presidente de la Argentina? →
Carlos Saúl Menem es el presidente de la Argentina.

PRESIDENTE	PAÍS	AÑO DE SU ELECCIÓN O NOMBRAMIENTO
Carlos Saúl Menem	Argentina	1. _____
César Gaviria	2. _____	3. _____
Carlos Salinas de Gortari	4. _____	5. _____
6. _____	España	1993
Violeta Chamorro	Nicaragua	7. _____
8. _____	Guatemala	1993
Guillermo Endarra	Panamá	1989

B. Ahora, haga preguntas en orden numérico para llenar los espacios en blanco con la información correcta.

MODELOS: 1. ¿En qué año fue elegido Menem? → Menem fue elegido en 1989.

2. ¿De qué país es presidente Gaviria? → Gaviria es presidente de Colombia.

Presentación C El medio ambiente

Actividad 7 Asociaciones

Lea la lista de problemas ambientales. Luego, escuche la lista de las causas de estos problemas y escriba el número de cada causa en el espacio apropiado.

MODELO: contaminación de los océanos → derrames de petróleo

_____ agotamiento de recursos

_____ contaminación del aire

_*m*_ contaminación de los océanos

_____ devastación de los bosques

_____ contaminación del suelo

Actividad 8   Los Diez Mandamientos Ecológicos

Antes de comenzar, lea la lista de conceptos con atención. Después escuche los Diez Mandamientos Ecológicos. Escuche los mandamientos una vez y escriba el número de cada uno en el espacio apropiado. Después, escuche otra vez para apuntar los detalles que no captó.

MANDAMIENTO

_____ responsabilidad   _ser responsable, informarte sobre los problemas_

_____ agua

_____ productos locales

_____ productos plásticos

_____ diversificación

_____ violencia

_____ productos químicos

_____ reducción y reciclaje

_____ energía

_____ paciencia

ESTRUCTURAS EN CONTEXTO

73. *Para reconocer* • Establishing Conditions and Expressing Intent: More on Adverbial Clauses

Actividad 1   Soluciones para algunos problemas sociales

Basándose en las indicaciones escritas, comente las condiciones necesarias para resolver los problemas mencionados.

> MODELO: (Hay que autorizar programas de tratamiento médico.)
> No vamos a reducir el número de toxicómanos a no ser que... →
> autoricemos programas de tratamiento médico.

1. Hay que organizar actividades para los jóvenes.
2. Hay que eliminar las armas de fuego.
3. Hay que reducir el paro.
4. Hay que dedicar más dinero al sistema educativo.

Actividad 2   ¿Cómo podemos proteger el medio ambiente?

Antes de comenzar, lea con atención la siguiente lista de soluciones para algunos problemas ambientales. Después, escuche las declaraciones parciales y termínelas con la solución indicada.

> MODELO: (Los legisladores deben apoyar estatutos ecológicos fuertes con castigos severos.)
> No podremos controlar los desperdicios tóxicos sin que... →
> los legisladores apoyen estatutos ecológicos fuertes con castigos severos.

1. Debemos descubrir y usar formas alternativas de energía.
2. Las autoridades deben aumentar los medios de transporte público.
3. Debemos reciclar más.
4. Las naciones del mundo deben reducir el uso de monóxido de cloro.

74. *Para reconocer* • Discussing Causes, Effects, and Results: More on Adverbial Clauses

Actividad 3   ¡Es lógico!

Escuche las siguientes descripciones de algunas situaciones y lea la lista de posibles reacciones para solucionarlas. Luego, escriba el número de cada situación en el espacio a la izquierda de la reacción más lógica.

> MODELO: 1. Dado que la capa de ozono protege a todo el mundo... →
> debemos dejar de destruirla.

_____ debemos controlarlos.

_____ debemos conservar este recurso natural.

___1__ debemos dejar de destruirla.

_____ el gobierno debe ayudar las empresas a crear nuevas tecnologías.

_____ el problema de los desperdicios se ha controlado.

75. *Repaso y expansión* • The Indicative and the Subjunctive

Actividad 4   Cuatro puntos para gobernar la Argentina

Lea con atención la lista de cuatro puntos sobre cómo gobernar la Argentina. Escuche y conteste las preguntas basándose en las indicaciones escritas.

> MODELO: Con respecto a la economía, ¿qué es necesario que hagan los políticos? →
> Es necesario que impongan rigor y austeridad en la economía.

1. fortalecer las instituciones
2. luchar contra la corrupción
3. dar prioridad a la educación
4. mantener el medio ambiente

Actividad 5   Más promesas

Basándose en las indicaciones escritas, comente el problema e indique su solución. Siga el modelo.

> MODELO: (No hay igualdad entre los sexos. Hay que crear oportunidades para la mujer.)
> No hay igualdad entre los sexos. Sí, hay que crear oportunidades para la mujer. →
> No va a haber igualdad entre los sexos hasta que creemos oportunidades para la mujer.

1. No hay suficientes viviendas. Hay que construir más.
2. No hay suficientes programas para los toxicómanos. Hay que dedicar más dinero a estos programas.
3. No hay seguridad de empleo. Hay que diversificar la economía.
4. No hay beneficios médicos adecuados. Hay que autorizar beneficios médicos para todos.
5. No hay suficientes oportunidades educativas. Hay que ampliar las oportunidades educativas.

76. The passive with **ser**

Actividad 6   ¿Quiénes son los responsables?

Basándose en las indicaciones escritas, conteste las siguientes preguntas. Siga el modelo.

> MODELO: ¿Por quiénes fue rechazada la religión organizada? (rechazar la religión organizada / los comunistas) → La religión organizada fue rechazada por los comunistas.

1. explotar los recursos naturales / los industrialistas
2. criticar a los desalojados / los ricos
3. corromper a los oficiales / los mafiosos
4. escribir las nuevas leyes / los senadores

Actividad 7   Algunos problemas sociales

Comente los siguientes problemas sociales basándose en las indicaciones escritas. Siga el modelo.

> MODELO: (El alcoholismo destruyó a muchos desempleados.)
> ¿Es verdad que el alcoholismo destruyó a muchos desempleados? →
> Sí, muchos desempleados fueron destruidos por el alcoholismo.

1. Los políticos conservadores eliminaron los servicios médicos.
2. Las sustancias químicas destruyeron la capa de ozono.
3. Los oficiales corruptos engañaron a los votantes.
4. Los representantes aumentaron los impuestos.
5. La deuda estimuló la inflación.
6. Los ricos eliminaron los derechos de los pobres.

LECCIÓN EN CONTEXTO

Actividad 1 La contestadora automática de la ciudad

Imagínese que Ud. es empleado/a en una oficina de gobierno en una ciudad que ha establecido una contestadora automática para el público: las personas pueden llamar 24 horas diarias para grabar sus quejas, reclamaciones y sugerencias. Escuche las siguientes grabaciones y apunte los datos indicados.

Nombre: _____

Día de la llamada: _____ Número de teléfono: _____

Mensaje: _____

_____

_____

Nombre: _____

Día de la llamada: _____ Número de teléfono: _____

Mensaje: _____

_____

_____

Nombre: _____

Día de la llamada: _____ Número de teléfono: _____

Mensaje: _____

_____

_____

Actividad 2 Preguntas personales

Conteste las siguientes preguntas con información personal.

> MODELO: ¿Cuál es el principal problema medioambiental en su ciudad o estado? →
> Aquí en Virginia la conservación de las playas y la protección de los ríos son los
> principales problemas ambientales.

1. ...   2. ...   3. ...   4. ...   5. ...   6. ...   7. ...   8. ...

CAPÍTULO **20**

Los hispanos en los EE. UU. y el Canadá

DE ENTRADA

Before starting the tape, do Exercise A of the **De entrada.**

A. Look at the following ad for a moving company, published in a New York City Spanish-language newspaper, *El Diario La Prensa.*

1. When was the business founded? _____ Where is the main office? _____

    _____

2. To whom do you think the ad is directed? Cubans? Puerto Ricans? Mexicans? Central or South

    Americans? _____

3. Is the intended audience composed of the wealthy, middle class, or poor? _____

   _____

4. What kinds of moves are mentioned specifically, and which of the terms used have English cognates? _____

5. What do you think **almacenajes** and **embalajes** mean? _____

   The phrase **a tarifas razonables?** _____

B. Now listen to a Puerto Rican woman, Ivette Marín, explain some of the differences she has noticed between life in Puerto Rico and the U.S. mainland. Jot down as many differences as you are able.

	PUERTO RICO	ESTADOS UNIDOS
vida familiar	_____	_____
	_____	_____
vida de la comunidad	_____	_____
	_____	_____
trabajo	_____	_____
	_____	_____
otras diferencias	_____	_____
	_____	_____

PALABRAS EN CONTEXTO

Presentación A • Los hispanos: ¿Quiénes son y de dónde vienen?

Actividad 1   Definiciones

Lea la siguiente lista con atención y anticipe una definición para cada término. Luego, escuche las siguientes definiciones y escriba el número de cada definición al lado del término apropiado. ¡OJO! Hay más términos que definiciones.

_____ exilio	_____ asimilación	_____ conscripción
_____ revolución	_____ esclavitud	_____ refugio; asilo político
_____ bilingüismo	_____ dictadura	_____ golpe de estado
_____ ciudadanía	_____ monarquía	

NOTA CULTURAL

Immigration patterns are many and varied: in addition to the immigration of Spanish-speakers to the U.S. and Canada, many Europeans and Asians immigrate to Latin America. In past centuries, when waves of immigrants entered North America, similar groups entered South America. More recently, after World War II, inhabitants of those countries most affected by the warfare immigrated to Venezuela, Argentina, Brazil, Paraguay, and Chile. In fact, it is said that approximately 10% of Argentines are first-generation immigrants. If you travel in Latin America, don't be surprised to see German, Irish, Polish, Ukrainian, Japanese, and Italian names on businesses, street signs, and in phone books.

Actividad 2   Algunos inmigrantes hablan

Escuche lo que dicen Eliseo, Netza, Marisa y Pármeno sobre los factores que les motivaron a emigrar. Indique los factores que cada inmigrante menciona.

	ELISEO	NETZA	MARISA	PÁRMENO
factores que motivaron la emigración:				
desastre natural	_____	_____	_____	_____
desempleo	_____	_____	_____	_____
problemas personales	_____	_____	_____	_____
represión política	_____	_____	_____	_____
factores que motivaron la inmigración a los EE. UU. y al Canadá:				
oportunidades educativas	_____	_____	_____	_____
libertad y derechos civiles	_____	_____	_____	_____
oportunidades económicas	_____	_____	_____	_____
lazos (*ties*) familiares	_____	_____	_____	_____

Presentación B • Las tradiciones hispanas

Actividad 3   Más definiciones

Lea la lista con atención y trate de anticipar una definición para cada término. Luego, escuche las definiciones y escriba el número de cada una al lado del término a la que corresponde.

_____ velorio   _____ primera comunión

_____ quinceañera   _____ día del santo

_____ bautizo   _____ boda

Actividad 4   Los velorios

Escuche mientras Vicente Ramos y Marta Béquer describen los entierros en su país, Puerto Rico y Perú, respectivamente. Apunte la información en los cuadros apropiados.

	VINCENTE RAMOS	MARTA BÉQUER
participantes		
ambiente/atmósfera		
elementos religiosos		
duración		

Presentación C • La integración de los hispanos

Actividad 5   ¡Aun más definiciones!

Lea la siguiente lista de palabras. Luego, escuche las definiciones y escriba el número de cada una al lado de la palabra a la que corresponde.

_____ integrarse   _____ considerarse

_____ mudarse   _____ acostumbrarse

_____ adaptarse

Actividad 6   ¿Qué servicio necesitan?

Hablan tres individuos de un problema que tienen y un servicio que necesitan. Escuche lo que dicen y apunte la información pedida en los espacios en blanco.

ALICIA VARGAS

país de origen: _____ años en los EE. UU.: _____

problema: _____

servicio que necesita: _____

GLORIA ANDÚJAR

país de origen: _____ años en los EE. UU.: _____

problema: _____

servicio que necesita: _____

HERIBERTO HERNÁNDEZ

país de origen: _____ años en los EE. UU.: _____

problema: _____

servicio que necesita: _____

Actividad 7   Algunos servicios

Lea los anuncios y basándose en los datos de la actividad anterior, conteste las siguientes preguntas.

¿Cuántas maneras seguras de enviar sus Remesas a El Salvador?

TEL. (212) 557-0505

SOLO UNA. Con remisión directa, vía telex, directamente a cualquier Banco Nacional, cubriendo cualquier rincón de la Republica, desde la Isla Meanguera hasta el rio Paz.

CORFINGE. Es una Institución Financiera al servicio de la comunidad Salvadoreña en Nueva York.

TUS REMESAS VAN SEGURAS EL MISMO DIA

CORFINGE
UNA SUBSIDIARIA DE SU BANCO CUSCATLAN

41 EAST 42nd. STREET, SUITE 612
NEW YORK, N.Y. 10017

SALVADOREÑOS
GUATEMALTECOS
LA DRA.
ANA DOLORES DE FERRUFINO
Abogado y notario en
EL SALVADOR
Y EL DR. OSCAR ZUCHINI
abogado y notario en
GUATEMALA
A SUS ORDENES EN RESOLUCION
DE TODO TIPO DE PROBLEMAS LEGALES
Llame para información a los Tel.:
(213) 773-5190 • 382-3391
Trámites urgentes de solvencia de policía

¿¿¿SE MUDA??? PIDA EL ESTIMADO A LOS DEMAS... COMPARELO CON EL NUESTRO Y AHORRE EN SU MUDANZA A:
● Puerto Rico ● El Salvador ● Costa Rica ● Santo Domingo ● Ecuador ● Perú
● Argentina ● Colombia ● Honduras ● Florida ● Nicaragua ● Panamá

PR EXPRESS
DIVISION DE SANTOS INTERNATIONAL

Teléfonos:
Nueva York (212) 410-1660
Nueva Jersey: (201) 869-1014
Puerto Rico: (809) 781-2203 ó 783-2420

PIDA SU ESTIMADO GRATIS Y PARTICIPE EN EL SORTEO DE PASAJES A PUERTO RICO.
Nulo donde la ley lo prohiba. Expira el 31 de diciembre de 1986.
PSC 2361 CCMC 153727 FMC 1

¡VIAJE A NICARAGUA!
ENTREGA DE BOLETOS A MANAGUA EN 24 HORAS
TARIFAS ESPECIALES DE AERONICA
HORARIO:
Lun.-Vier
9:30 AM a 6 PM
Sáb 11 AM a 2 PM
TROPICAL TOURS
2330 W. 3rd St., Ste. 4, L.A., CA 90057
(213) 389-4123

Mudanzas Internacionales
AZTECA INC
• FREIGHT FORWARDER SEAWAY EXPORT INT. FMC #3431 R.
The motor carrier identification number FHWA, USDOT541414
¡SERVICIO A TODA LA REPUBLICA MEXICANA!
"LLAMENOS, COMPARE Y UD. GANARA
DENOS LA OPORTUNIDAD DE SERVIRLE Y
UD. CONFIARA PARA SIEMPRE"
1(800)974-2888
5612 ATLANTIC BLVD. MAYWOOD, CA 90270 (213) 771-6888

ESTRUCTURAS EN CONTEXTO

77. *Para reconocer* • The Imperfect Subjunctive

Actividad 1   Para poner fin a la huelga

Lea con atención la siguiente lista de condiciones para poner fin a la huelga de la Fábrica MetaTech. Basándose en ella, conteste las preguntas. Siga el modelo.

MODELO: Con respecto al aumento, ¿qué dijeron los obreros? →
Dijeron que pondrían fin a la huelga a condición de que los gerentes les concedieran un aumento.

> ## CONDICIONES
>
> - que los gerentes les concedan un aumento.
> - que los gerentes les ofrezcan mejores beneficios médicos
> - que haya más días de vacación
> - que la empresa no pare a ningún obrero durante un año
> - que no haya represalias contra los obreros
> - que los gerentes establezcan procedimientos para garantizar buenas condiciones de trabajo en la fábrica

Actividad 2   Antes de venir a los EE. UU.

Basándose en las indicaciones escritas, explique los motivos que ofrecen varias personas para haber inmigrado. Siga el modelo.

MODELO: ¿Dónde quería vivir Víctor? (Víctor / no haber dictadura) →
Víctor quería vivir en un país donde no hubiera dictadura.

1. Mauricio / sus hijos poder ir a la escuela
2. Primitivo y Eloísa / practicar nuestra religión
3. Berta y Rolando / su familia tener paz
4. Gregorio / disfrutar de libertad
5. Mocte / ganar un buen sueldo
6. Rosa / poder votar en elecciones libres

78. *Repaso y expansión* • More on Conditional Clauses

Actividad 3   Si yo tuviera que emigrar...

Basándose en las indicaciones escritas, conteste las siguientes preguntas según el modelo.

> MODELO: Si Ud. tuviera que emigrar, ¿a dónde inmigraría? (inmigrar al Canadá) →
>   Si yo tuviera que emigrar, inmigraría al Canadá.

1.   vivir en Costa Rica
2.   irse a una comunidad hispana
3.   tomar clases de inglés
4.   acompañarlos
5.   comunicarse con su familia por carta
6.   extrañar a sus familiares y amigos

79. *Repaso y expansión* • Reflexive Constructions

Actividad 4   ¿Cómo es Ud.?

Basándose en las indicaciones escritas, conteste las siguientes preguntas. Siga el modelo.

> MODELO: ¿Se adapta Ud. fácilmente a las nuevas situaciones? (sí) →
>   Sí, me adapto fácilmente a las nuevas situaciones.

1.   no
2.   sí
3.   no
4.   sí
5.   no
6.   sí
7.   no
8.   sí

80. *Para reconocer* • Reflexives for Reciprocity

Actividad 5   Cuando uno vive lejos de los suyos...

Imagínese que Ud. y algunos de sus parientes viven lejos del resto de la familia. Conteste las siguientes preguntas afirmativamente, según el modelo.

> MODELO: ¿Se escriben Ud. y sus hermanos? → Sí, nos escribimos.

1. ...   2. ...   3. ...   4. ...   5. ...

81. *Para reconocer* • Reflexives for Unplanned Occurrences

Actividad 6   En la Oficina de Inmigración

Imagínese que Ud. trabaja en la Oficina de Inmigración. Basándose en las indicaciones escritas, ayude a las siguientes personas a explicar sus problemas. Siga el modelo.

> MODELO: ¿Cuál es el problema del señor Iturbarri? (el señor Iturbarri / la tarjeta «verde») →
>   Se le perdió la tarjeta «verde».

1.   la señora Vico / el pasaporte
2.   los señores Prado / los documentos
3.   la señora Vereda / la tarjeta verde y el pasaporte
4.   la señorita Barra / el permiso de trabajar
5.   los señores Loredo / todos los documentos
6.   el señor Rosales / la partida de nacimiento

LECCIÓN EN CONTEXTO

Actividad 1   U.S. English frente a los hispanos

A. Escuche un comentario editorial transmitido por radio e indique los temas mencionados.

☐ la educación bilingüe   ☐ la cultura   ☐ el racismo   ☐ la pobreza

☐ la seguridad económica   ☐ el desempleo   ☐ mantener las tradiciones   ☐ la discriminación

☐ los indocumentados   ☐ los prejuicios   ☐ la seguridad social

B. Escuche el comentario otra vez e indique si...

1. los proponentes a favor de los movimientos para establecer el inglés como idioma oficial están en contra de   ☐ los grupos minoritarios.   ☐ los inmigrantes.   ☐ los blancos conservadores. ☐ los jóvenes que abandonan sus estudios.

2. para los hispanos, hablar inglés significa   ☐ dejar de ser hispano.   ☐ ser blanco.   ☐ asimilarse. ☐ evitar el racismo.   ☐ conseguir buen trabajo.

3. dentro de dos o tres generaciones, la mayoría de los inmigrantes   ☐ aprenden inglés.   ☐ sufren por los problemas de su patria.   ☐ conservan sus tradiciones.   ☐ son bilingües.

4. los movimientos que apoyan el concepto del inglés como lengua oficial son contradictorios porque   ☐ el español es una lengua muy bonita.   ☐ contradicen la idea de que los EE. UU. representan un crisol (*melting pot*).   ☐ no reconocen la importancia de la herencia hispana en la historia de los EE. UU.   ☐ los antecesores de los proponentes también eran inmigrantes.

5. la fuerza del movimiento se debe   ☐ a realidades lingüísticas.   ☐ a factores religiosos. ☐ a factores económicos.   ☐ al racismo y al odio.   ☐ a una tradición del monolingüismo.

C. Escuche una tercera vez para apuntar cualquier detalle que no captó.

Los motivos verdaderos de los proponentes del inglés oficial:

_____

_____

_____

La realidad lingüística y cultural de los inmigrantes en dos o tres generaciones:

_____

_____

_____

Las contradicciones del movimiento:

_____

_____

_____

La amenaza potencial:

_____

_____

_____

Actividad 2   Preguntas personales

Para esta actividad, no hay respuestas exactas: conteste las siguientes preguntas con información personal.

> MODELO: ¿Cuál es el principal problema de los inmigrantes en su ciudad o estado? →
> Aquí en Indiana el problema principal de los inmigrantes es la homogeneidad de la
> población. En Indiana no ha habido mucha inmigración recientemente.

1. ...   2. ...   3. ...   4. ...   5. ...   6. ...   7. ...   8. ...

ANSWER KEY

INICIACIÓN A

Actividad 6   bolígrafos, lápices, mochilas, carpetas

Actividad 11   1, puerta; 2, libro; 4, borrador; 5, lápiz; 6, bolígrafo; 7, profesor; 10, tiza; 11, silla; 13, suelo; 16, mochila; 20, pupitre

LECCIÓN EN CONTEXTO

chaqueta, mochila, calculadora, cuadernos.

INICIACIÓN B

DE ENTRADA

A.   1. bomberos = *firemen*, cruz roja = *Red Cross*, policía = *police*, ambulancias = *ambulance* y taxis = *taxis*
2. policía, taxis, ambulancias   3. Santa Cruz, Veracruz   4. highway assistance

PRONUNCIACIÓN

Actividad 2   Ricardo Serrano y Montes, Marisol Carmen Vargas Rojas, Javier Enrique Prieto Grande, Rosa Costa Pandos, Consuelo Rivero Robledo, Antonio Carrillo Olivares

Actividad 3   1. Guadalajara   2. Santiago   3. Toledo   4. Sevilla   5. Mérida   6. Cañas.

LECCIÓN EN CONTEXTO

pantalones, lunes, Ptas. 3.000; bolígrafos, miércoles, Ptas. 6.000; suéteres, martes, Ptas. 4.000; escritorios, jueves, Ptas. 11.000; botas y zapatos, viernes, Ptas. 5.000

CAPÍTULO 1

DE ENTRADA

A.   1. nickname   2. México   3. 81   4. negros   5. cómico, ingenuoso   6. Charlie Chaplin.

PRONUNCIACIÓN

ar-qui-<u>tec</u>-to, pre-si-<u>den</u>-te, es-pa-<u>ñol</u>, pe-re-<u>zo</u>-so, den-<u>tis</u>-ta, pro-fe-<u>sor</u>, ac-<u>triz</u>, mo-<u>chi</u>-la, fe-<u>liz</u>

PALABRAS EN CONTEXTO

Actividad 7   Marta, c; Miguel, e; Margarita y Pedro, b; Raúl y Dolores, d; Ana María, a; Elisondo, f

CAPÍTULO 2

DE ENTRADA

A. 1. estudio, varios, colores, metálico, resistencia, súper, opcional, natural, estructura, and so forth 2. to the dimensions (length and width) of the camarote «Manhattan» and to the dimensions of the camarote «Memphis» 3. bargains, super offers 4. top or surface 5. Offers limited to stock on hand; Prices outside of Bogotá are increased due to transportation costs.

B. cama «Palmeto» (costs the same); escritorio «Compubima» (costs less)

PRONUNCIACIÓN

Las sílabas tónicas bi-blio-<u>te</u>-ca, e-di-<u>fi</u>-cio, te-le-vi-<u>sor</u>, pa-<u>red</u>, car-<u>tel</u>, es-cri-<u>bir</u>, es-pa-<u>ñol</u>

BRAS EN CONTEXTO

Actividad 1 almohada, plantas, carteles, lámpara, cortinas, teléfono, discos compactos

Actividad 4 Comentarios positivos de Ricardo: el dormitorio, el compañero, el gimnasio; él no conoce ni la biblioteca ni el laboratorio de lenguas. Comentarios positivos de Natalia: la compañera, la biblioteca y el museo; comentarios negativos de Natalia: la comida y el dormitorio; ella no conoce el gimnasio. Comentarios positivos de Cristóbal: la residencia, la comida de la cafetería, el dormitorio y el compañero

LECCIÓN EN CONTEXTO

Actividad 1 lámpara (40%); impresora (30–35%); yogur (20%); chocolate (15%)

CAPÍTULO 3

DE ENTRADA

A. 1. cine, clasificación, excelente, regular, no recomendable, acción, ficción, pornografía, comedia, documental, drama, musical, animados, suspenso, terror, coordinador 2. Answers will vary. 3. Answers will vary.

B. *Fried Green Tomatoes, Cape Fear, My Own Private Idaho, The Terminator, Grand Canyon, Barton Fink, Silence of the Lambs, Mambo Kings*

PALABRAS EN CONTEXTO

Actividad 1 Rosana: 1. se levanta 2. toma café 3. lee el periódico 4. desayuna 5. se ducha 6. se pone la ropa 7. se peina, 8. sale. Consuelo: 1. se levanta 2. se baña 3. se peina 4. se pone la ropa 5. sale 6. toma café 7. lee el periódico

Actividad 3 1. e, a mediodía 2. c, a las 3:00 de la tarde 3. g, a las 11:30 de la noche 4. d, a las 9:00 de la mañana 5. c, a las 7:00 de la tarde

Actividad 5   Lunes: tiene clase por la mañana, trabaja por la tarde, cena por la noche. Martes: tiene clase de las ocho de la mañana a las ocho de la noche. Miércoles: trabaja por la mañana y por la tarde, tiene una clase a las siete. Jueves: trabaja desde las ocho de la mañana hasta las siete de la tarde, cena por la noche. Viernes: no se mencionó nada. Sábado: va a la biblioteca de las nueve de la mañana a las seis o siete de la tarde; por la noche, va al cine, a una fiesta o un restaurante. Domingo: va a misa por la mañana y juega al fútbol por la tarde.

ESTRUCTURAS EN CONTEXTO

Actividad 2   8:00: se despierta y se levanta; 8:15: se ducha; 9:15: desayuna; 9:45: sale; 10:00: llega a su oficina; 2:00: sale para almorzar; 4:30: regresa a la oficina; 7:30: sale de la oficina; 7:45: está en casa; 10:00: prepara la cena; 11:30: termina la cena; 12:30: se duerme

LECCIÓN EN CONTEXTO

Actividad 1   **B.**   ir a la iglesia, ir a los toros, tomar la siesta   **C.**   ir a la iglesia; tomar un aperitivo en un café: 1:00; almorzar: 2:00; tomar la siesta; ir a los toros; ir a un bar a charlar

CAPÍTULO 4

DE ENTRADA

A.   1. baby shower   2. hermana y madre   3. Ana fue agasajada con un té y regalos para bebé

B.   Pedro Juan: Juan Pedro Quiñonero (padre), Carmen Sánchez (madre), Javier y Mari Luz Quiñonero. Juan: Teresa Orozco (madre), Fernando Pizarro, Juan Antonio Pizarro (padre), María Teresa Lozano

PALABRAS EN CONTEXTO

Actividad 2   Apellidos: Vega; Nombres: Sergio; Dirección: Calle Abril, número 102; Ciudad: San Lorenzo; Código postal 28093; Número de teléfono: 555-6900; Número de seguro social: 360-00-0128; Información deseada: los beneficios de viudo. Apellidos: Ramírez; Nombres: Ana; Dirección: Calle Alonzo, número 502; Ciudad: Santa Clara; Código postal: no lo sabe; Número de teléfono: 102-6676 (de la hija); Número de seguro social: 655-49-0077; Información deseada: los beneficios de jubilación

Actividad 5   Josefina... cumpleaños de hermanos: el 10 de julio, el 15 de junio, el 4 de mayo y el 17 de enero; aniversario de boda de sus padres: el 10 de septiembre; aniversario de boda de sus abuelos: no sabe la fecha. Bernal... cumpleaños de hermanos: el 1º de febrero y el 22 de marzo; aniversario de sus padres: el 12 de agosto; el aniversario de sus abuelos: el 5 de enero. Nora... es hija única; el aniversario de boda de sus padres: el 13 de mayo; el aniversario de sus abuelos: no sabe la fecha

ESTRUCTURAS EN CONTEXTO

Actividad 7   1: ir al parque   2: jugar al fútbol   3: regresar a casa   4: lavarse las manos   5: cenar 6: dar comida al perro   7: lavar los platos   8: hacer las tareas   9: bañarse

Actividad 10   Beatriz: cumpleaños: invita a los tíos a una fiesta de sorpresa con cena especial; Navidad: viaja a la Florida; Pascua: la celebran en casa con una cena especial y van a la misa. Claudio: cumpleaños: su familia hace una fiesta pequeña; Navidad: se reúne con la familia en casa de los abuelos, se hacen regalitos, comen una cena monstruosa; Pascua: una reunión en casa con una cena grande

LECCIÓN EN CONTEXTO

Actividad 1   Teresa... país: México; número de hermanos: once; otros parientes: la abuela; otros comentarios: el padre de Teresa tiene catorce hermanos, la madre de Teresa tiene once hermanos. Víctor... país: Puerto Rico; número de hermanos: siete; otros parientes: quince sobrinos; otros comentarios: sus hermanos son casados, la familia de Victor es grande y unida. Vanesa... país: México; número de hermanos: ocho; otros parientes: los abuelos; otros comentarios: la familia de Vanesa es unida, ellos se reúnen cada año para las Navidades y celebran muchas ocasiones juntos

CAPÍTULO 5

DE ENTRADA

A.   1. Entorno Decoración   2. Diseño y Luz; Miguel Brau   3. J. M. Terrádez   4. no; no

B.   Guzca: sofás, cortinas; Balda: librerías; Bima: mesas de comedor, sofás, camas, escritorios, mesas y armarios. Greatest variety: Bima; Least variety: Balda

PALABRAS EN CONTEXTO

Actividad 1   Mar-Playa: viviendas de 1, 2 ó 3 dormitorios, cocina (amueblada), sala (familiar), calefacción central, aire acondicionado, garaje, balcón, parque infantil, piscina, cancha de tenis. El Bosque: viviendas de 2 ó 3 dormitorios, cocina (amueblada), baños de mármol, piscina, cancha de tenis, restaurante. La Dorada: viviendas de 1 ó 2 dormitorios, comedor (formal), sala (familiar), calefacción central, aire acondicionado, balcón, jardín, piscina, supermercado.

ESTRUCTURAS EN CONTEXTO

Actividad 4   1. levantarse   2 bañarse   3. desayunar   4. ir a la biblioteca   5. asistir a clases   6. hablar con el profesor de arte   7. trabajar en el café   8. correr   9. regesar a casa   10. escribir una carta   11. salir con Julia

LECCION EN CONTEXTO

Actividad 1   comodidades mencionadas: tres habitaciones (pueden usar la tercera como oficina), un garaje para el coche de Eugenio y la motocicleta de Aurelio, el jardín, la sala y el comedor donde pueden dar fiestas, la cocina, la lavadora y secadora, y la luz pagada para usar el estéreo y la videocasetera.

CAPÍTULO 6

DE ENTRADA

A.   1. streets closed due to construction   2. mid levels of contamination   3. calle, avenida, plaza paseo, puerta, esquina.

B.   8: construcción de aparcamientos; 10: construcción de estación de metro

PALABRAS EN CONTEXTO

Actividad 1   montañas: lluvia, nieve, viento, frío; costa: viento, niebla, sol

Actividad 2   Lima: hace bastante calor, poca diferencia entre las temperaturas máxima y la mínima, llueve muy poco y el cielo está despejado. San Juan: muy buen tiempo, poca variación, menos humedad en el invierno, temperatura moderada. México: las temperaturas varían, con máximas de hasta 28 y mínimas de 8 a 12, muchísima contaminación en el aire

Actividad 3   Elena Vargas: destino: Cancún, México; estación: verano; actividades planeadas: nadar, bucear, tomar el sol, navegar a vela y tal vez visitar algunas ruinas mayas. Comentario de Andrés: hace mucho calor en el verano, hay mucha humedad, el verano es la estación de huracanes, es mejor ir durante el invierno o la primavera. Benito Serrano: destino: Madrid; mes: agosto; actividades planeadas: visitar la capital, visitar los museos y galerías de arte, comer en restaurantes, sentarse en los cafés, ir a los bares y discotecas y asistir al teatro. También, Benito quiere conocer a los habitantes. Comentario de Andrés: Benito va a aburrirse en agosto porque no va a haber madrileños en Madrid, los cafés, bares y restaurantes van a estar abiertos, pero con horarios limitados, en agosto la ciudad está llena de turistas y hace mucho calor. Andrés dice que sería mejor ir en mayo o junio.

Actividad 4   el 24 de diciembre: Nochebuena, van a la iglesia, comen una cena especial, el rey Juan Carlos da un mensaje por radio; el 31 diciembre: Nochevieja, van a fiestas, comen doce uvas; el 1° de enero: Año Nuevo, día de esperanzas y promesas; el 5 de enero: víspera de Reyes Magos; el 6 de enero: Reyes Magos, abren los regalos

ESTRUCTURAS EN CONTEXTO

Actividad 5   1. conocerse   2. enamorarse   3. casarse   4. mudarse   5. irse   6. separarse   7. reunirse   8. divorciarse

Actividad 7   1. despertarse   2. levantarse   3. ducharse   4. vestirse   5. despedirse   6. reunirse 7. callarse   8. acostarse   9. dormirse; otras actividades: escuchar la radio, preparar el café, desayunar, llegar a la oficina, hablar de los problemas, tratar de resolverlos, salir para almorzar, regresar a casa, cenar, leer, escuchar la radio

Actividad 8   Héctor: nacimiento, el 30 de junio de 1956; graduación, 1979; casamiento, 1977. Elena: nacimiento, el 13 de octubre de 1964; graduación, 1992, casamiento 1993. Galo: nacimiento, el 2 de mayo de 1948: graduación, 1970; casamiento, 1967. Linda: nacimiento, el 16 de marzo de 1915; graduación, 1937; casamiento, 1940. Franco: nacimiento, el 6 de noviembre de 1950; graduación, 1970; casamiento, 1976

CAPÍTULO 7

DE ENTRADA

A.   1. sponsors to 1993 Feria Comunidad de Madrid   2. el 28 de mayo al 13 de junio 1993   3. live (through) reading

B.   ciencias: 53-79-13; informática: 441-77-30; matemáticas: 457-12-00; latín y griego 55-41-02; inglés: 532-98-55

PRONUNCIACIÓN

Actividad 2   an-tro-po-lo-gí-a; an-tro-pó-lo-go; so-cio-lo-gí-a; so-ció-lo-go; cien-cias; cien-tí-fi-co; bi-o-lo-gí-a; bi-ó-lo-go; e-co-no-mí-a; e-co-no-mis-ta; his-to-ria; his-to-ria-dor; ma-te-má-ti-cas; ma-te-má-ti-co; fí-si-ca; fí-si-co

PALABRAS EN CONTEXTO

Actividad 2 Sociología: 105, Introducción a los problemas urbanos, los martes y jueves, 9:00–10:30. Sociología: 500, Las razas y las clases en Sudamérica, los martes, 2:00–6:00. Arte: 265, El surrealismo español, los martes y jueves, 4:00–5:45. Arte: 640, El arte barroco mexicano, los jueves, 2:00–5:00. Historia: 209, La conquista del Perú, los lunes y miércoles 9:00–11:00. Historia: 413, Benito Juárez, los miércoles, 2:00–6:00. Literatura: 315, La poesía modernista, los lunes, 3:00–6:00. Literatura: 602, La obra de Miguel de Cervantes, los martes y jueves, 2:00–4:00.

Actividad 4 1. leer los libros, pensar bien y tomar apuntes 2. hacer un bosquejo 3. consultar con el profesor 4. escoger el mejor tema 5. ir a la biblioteca para buscar información y sacar libros 6. escribir el primer borrador 7. revisar, corregir y escribir el trabajo a máquina 8. entregárselo al profesor

ESTRUCTURAS EN CONTEXTO

Actividad 3 1. levantarse a las siete 2. tomar apuntes del libro de economía 3. almorzar a la una 4. estudiar sus apuntes de laboratorio 5. repasar el libro de física 6. reunirse con sus compañeros de clase a las cinco 7. memorizar las teorías importantes hasta las nueve 8. estudiar para el examen de alemán 9. repasar sus apuntes de economía con Ángela 10. acostarse a la una

Actividad 7 leer, abrir, examinar, escribir, entregar, escuchar, pensar

LECCIÓN EN CONTEXTO

Actividad 1 **A.** clase, transformación, economía, cultura, población, década, liberalización, laboratorio, intelectual, fórmula, arqueología, gobierno, conquista, victoria, batalla **B.** Prof.Profesor Vicente Blanco del Castillo; martes y miércoles de 16:30 a 18:30. **C.** 1. cierto 2. falso 3. cierto 4. falso 5. falso 6. cierto 7. falso

Actividad 2 Rosa María Montes Juárez... nacionalidad: chilena; universidad: Universidad del Norte; carrera universitaria: profesora de matemáticas; otros comentarios: a Rosa le gustó mucho los años de carrera universitaria, espera trabajar en una de las buenas universidades localizadas en Santiago después de recibir el título de profesora de matemáticas. Laura Beatriz Hernández... nacionalidad: española; universidad: Universidad de Santander; carrera universitaria: filosofía; otros commentarios: estudió en Castro Urdiales, se trasladó a Bilbao y encontró una familia con la que pudo vivir, cursó los cinco años de carrera de filosofía y posteriormente el curso de doctorado en filosofía.

CAPÍTULO 8

DE ENTRADA

A. 1. libros, transporte, residencia, compensatoria, matrícula gratuita; transporte, residencia, compensatoria 2. enseñanzes medias y universitarias 3. el 31 de julio si se ha aprobado en junio y el 30 de octubre si se termina el curso en septiembre 4. contains list of available scholarships, application instructions and deadlines 5. 900.

B. 1. Becas para estudiar en Japón, becas para 1994, presentar solicitudes en la Embajada de Japón. 2. Becas para 1995–1996, becas para estudiar cualquier asunto. 3. Becas para estudiar el medio rural, presentar solicitudes en el Ministerio de Agricultura, Pesca y Alimentación.

ESTRUCTURAS EN CONTEXTO

Actividad 12   1. el libro   2. el cuaderno   3. la chaqueta   4. las llaves   5. el número de teléfono

LECCIÓN EN CONTEXTO

Actividad 1   Ramón Masó: 5,9; computación; filosofía. Pamela Llorens: 6,4 / 8,6; medicina; medicina

CAPÍTULO 9

DE ENTRADA

A.   1. Andalucia; Ceuta-Melilla   2. Ceuta-Melilla   3. diciembre, febrero, enero; agosto, julio
4. Servicios, Industria, Construcción, Agricultura; first job   5. Servicios; Agricultura.

B.   1. 2.360.309   2. industria, construcción; del sexo masculino: 101.000; del sexo femenino: 67.000
3. 4,5%   4. 12% 5.   5,5%

PALABRAS EN CONTEXTO

Actividad 4   Puesto número 102... horas: 4 días a la semana, desde las 5:00 P.M. hasta las 4:00 A. M.;
sueldo: $8.00 por hora; experiencia: ninguna; trabajo: limpiar el equipo y el laboratorio. Puesto número
103... horas: de 10 a 12 horas por semana, horario flexible; sueldo: $8.00 por hora; experiencia:
conocimiento del sistema bibliotecario y de los procesos de investigación histórica; trabajo: escribir a
máquina, sacar fotocopias, procesar bibliografía, preparación de resúmenes de artículos, procesamiento
de datos. Puesto número 109... horas: de 40 a 50 horas por semana, horario flexible, pero con algunas
horas por la tarde cada semana; sueldo: $12.00 por hora; experiencia: conocimientos básicos de estadística
y del análisis de datos computarizados; trabajo: entrevistar a los participantes en las encuestas y procesar
los datos obtenidos.

Actividad 6   Rosaura Miramontes Salcedo: educación: segundo año de periodismo; preferencias:
escribir y hacer reportajes, investigar a fondo un asunto; experiencia: el periódico de la universidad.
Rafael Velázquez Fondo; educación: tercer año de ciencias sociales; preferencias: la sicología, el contacto
directo con la gente; experiencia: en una clínica, entrevistó a jóvenes delincuentes, trabajó con el jefe del
programa. Margarita Fernández; educación: primer año de medicina; preferencias: vivir en un país
subdesarrollado, servir a los muy necesitados; experiencia: en la clínica de un barrio pobre

ESTRUCTURAS EN CONTEXTO

Actividad 6   1. considerar los propios intereses   2. considerar los objetivos y motivaciones personales
3. leer los anuncios de empleo en los periódicos   4. escribir a máquina, sin errores, el currículum
5. tener cartas de recomendación   6. llamar a las empresas   7. mandar las cartas de recomendación y el
currículum   8. pedir cita para una entrevista   9. llegar a tiempo   10. llevar otras copias del currículum
11. estar tranquilo y ser cortés   12. decir la verdad

Actividad 2 Empleo: secretaria ejecutiva; tipo de negocio: una empresa internacional; experiencia: mínima de cinco años; requisitos: conocimiento de Word Star y Lotus, excelente personalidad y presentación impecable. Empleo: enfermero o enfermera; tipo de negocio: una fábrica de productos químicos; educación: título en enfermería; experiencia: mínimo de tres años, con especialidad en salud ocupacional. Empleo: representante de ventas; tipo de negocio: una fábrica de muebles; educación: estudios de arquitectura y/o diseño o decoración; experiencia: en ventas; requisitos: bilingüe, magnífica presentación personal y trato con el público

CAPÍTULO 10

DE ENTRADA

A. 1. Olympic ceremonies and various other events; 65,000; number 20   2. opening ceremonies (lighting of the torch)   3. **pista sintética** = *synthetic track/field*, **salto de longitud y triple salto** = *long jump and triple jump*, **salto con pértiga** = *pole vault*, **salto de altura** = *high jump*   4. number 2; number 5   5. number 6; number 12; number 19

B. 1. del 8 a 16 de julio   2. EE. UU., Italia, Australia, Sudáfrica, México, Japón, Canadá y España   3. playa del Médano, de la isla de Tenerife   4. el eslálon, la regata y el estilo libre

PALABRAS EN CONTEXTO

Actividad 5 Título: «Ayer y hoy»; conjunto/cantante: Chaquetón; tipo de música: flamenco; instrumentos: la guitarra. Título: «The Best of Dizzy»; conjunto/cantante: Dizzy Gillespie; tipo de música: jazz; instrumentos: la trompeta. Título: «Invítame a pecar»; conjunto/cantante: Paquita la del Barrio; tipo de música: canciones folklóricas; instrumentos: la guitarra, la trompeta, el violín.

LECCIÓN EN CONTEXTO

Actividad 1 **A.** 1. más o menos setenta estudiantes   2. Anita   3. la casa de los padres de Anita   4. a las dos   5. a las dos y media   **B.** 1. José   2. Felipe   3. Bartolomé   4. Bartolomé   5. Bartolomé, Felipe   6. Elisa, Bartolomé   7. Anita   8. la policía   9. uno de los vecinos   10. Elisa

CAPÍTULO 11

DE ENTRADA

A. 1. at once, on the spot   2. yes   3. yes   4. a figure with various flags, intérpretes   5. envío de mercancías   6. the store has a restaurant and parking but no beauty salon, no ticket agency, no travel agency

B. sin límite de gasto, seguro de compra gratuito

Actividad 8   Cliente A: despertador; el objeto comprado no funciona / está roto; solución: cambiarle el objeto por otro. Cliente B: falda; otro problema (el cierre se rompió); solución: ofrecerle crédito al cliente

ESTRUCTURAS EN CONTEXTO

Actividad 3   1. buscar   2. revisar   3. pedir   4. reclamarse

LECCIÓN EN CONTEXTO

Actividad 1   A. · 1. 10 de la mañana   2. como las de años pasados   3. verdaderas gangas   4. en febrero   5. colas ordenadas por 3 horas   6. que participaron ayer 6 mil consumidores   **B.**   El ahorro medio: el 33 %; aumento de las ventas: el 25 %; número de consumidores en cola antes de las 10: unos 2.500

Actividad 2   1. no necesitan nada pero compran por la euforia de comprar, sin saber por qué, sin tener necesidad   2. todo les impresiona pero no tienen que comprar, solo necesitan sentir, cuando van de compras se dedican emocionalmente al empeño   3. pueden reconocer la diferencia entre lo necesario y lo innecesario, son gente recta, nunca pierden el control, las leyes se aplican a todos   4. deciden antes de salir de casa lo que quieren compar y cuánto van a gastar, tienen ideas claras al entrar en la tienda, llegan con listas, no son susceptibles a gangas, saldos, etcétera, viven y compran según la lista   5. son inseguros, indecisos, incapaces, y regresan a casa sin comprar nada

CAPÍTULO 12

DE ENTRADA

A.   1. snake and insect bites   2. insectos, gravedad, síntomas, sensación   3. Symptoms are sweating, excessive thirst, fainting. Avoid drinking alcohol, coffee, or tea, and avoid putting ice on the bite.
4. **molestias** = *discomfort*. Colorful clothing and perfume attract the mosquitos.   5. hives, shock, bronchial contraction, swelling of the glottis, hypotension (low blood pressure); a speeding car is represented because certain individuals may have an allergic reaction to wasp or bee stings, and must be taken to the hospital immediately   6. inmovilización, animal, torniquete, paciente, el veneno, el hospital, posición

B.   el correr es natural y sana; correr aclara la mente; correr mejora la salud por hacer que los órganos funcionen mejor; debe tener cuidado para mantener el equilibrio; y en la ciudad, se debe correr entre las 9 de la mañana y las 8 de la tarde

PALABRAS EN CONTEXTO

Actividad 5   A.   Vargas Calvo: examinarle, hacerle unos rayos X, enyesarle, ponerle una inyección, recetarle. Zúñiga Rosas: examinarle, tomarle la temperatura, hacerle una prueba de sangre. Villas Escobar: lavarle, hacerle unos rayos X, darle puntos, ponerle una venda, ponerle una inyección.
B.   El paciente Vargas Calvo es Daniel; la paciente Zúñiga Rosas es Margarita; el paciente Villas Escobar es Felipe.

ESTRUCTURAS EN CONTEXTO

Actividad 4 Pedro... circunstancias: era enero, no había nieve, hacía frío, había seis vecinos«sentados» en el hielo; acontecimientos: se levantó, se duchó, se vistió, salió, se cayó. Rogelio... circunstancias: conducía por las montañas, llovía y hacía mucho viento, el camino tenía muchas curvas, estaba cansado, las condiciones eran malas; acontecimientos: tuvo un accidente, se torció el brazo. Carmen... circunstancias: esquiaba con sus amigos, no sabían que iba a caer una tormenta de nieve, caía una nevada horrorosa no podíamos ver; acontecimientos: tuvo una experiencia mala.

LECCIÓN EN CONTEXTO

Actividad 1 1. tos y escalofríos 2. un catarro 3. 103 grados 4. México 5. gripe 6. tome antibióticos, vaya a casa y descanse, vaya a la farmacia

CAPÍTULO 13

DE ENTRADA

A. 1. salida, regreso 2. because it includes more days and more places 3. boleto aéreo, traslado aeropuerto-hotel-aeropuerto; a tour of Chinconcua and a cocktail party 4. the colón; ¢; because the dollar is a globally stable currency, and many foreigners make major purchases (especially those involving foreign exchange) in dollars

B. weather, temples, hotels, folk culture

PALABRAS EN CONTEXTO

Actividad 1 1. más de 400 páginas 2. cubre todo el país, desde Arica en el norte hasta la Antártida 3. las principales ciudades con descripciones de los principales puntos de interés 4. paseos recomendados 5. hoteles, restaurantes y lugares de compras, los precos de todo 5. 72-30-30

Actividad 2 Turismo dominicano... documentos: un pasaporte, partida de nacimiento para ciudadanos de los EE. UU. ; vacunas: ninguna; moneda: el peso dominicano; clima: agradable durante todo el año; ropa: informal durante el día, un poco más formal para la noche; actividades: casinos, espectáculos, discotecas, playa. Turismo cubano... documentos: un pasaporte vigente con un mínimo de seis meses de validez y visado; moneda: el peso cubano; clima: agradable; ropa: ropa ligera de verano, un suéter o saco un impermeable de abril a noviembre; actividades: playas, buceo, canchas de tenis y voleibol, piscinas, bares, discotecas, espectáculos, concursos de baile

Actividad 4 Rodrigo: andar en taxi, alojarse en hotel de 5 estrellas, comer en restaurantes de lujo. Jimena: andar en taxi, metro, autobús, alojarse en hotel de 3 estrellas, comer en restaurantes módicos y cafés. Martín: andar en coche alquilado, acampar, hacer picnic

ESTRUCTURAS EN CONTEXTO

Actividad 3 Josefa: 12 días; Mérida; hotel de 2ª clase; $20.00 la noche; excursiones a Isla Mujeres, Chichén Itzá, Uxmal, otras ruinas; hamaca $18.00, huipil $13.00, pulsera $20.00. Maura: 16 días; Cozumel; hotel de 1ª clase; $90.00 la noche; excursiones a Isla Mujeres y Chichén Itzá; hamaca $28.00, huipil $19.00, pulsera $18.00

Actividad 9 Tenemos que pedir las visas; debemos confirmar los hoteles; debemos comprar la cámara; tenemos que pagar los boletos

Actividad 1   1. octubre   2. es amigo de México   3. después de pagar el billete   4. en la biblioteca
5. en autobús, por avión

CAPÍTULO 14

DE ENTRADA

A.   1. one cruise lasts 1 week, the other, two weeks   2. *Cunard Countess*   3. round trip-flight, two nights
in San Juan, and accomodations   4. children under 18 travel free   5. a tour of the city   6. Thursdays

B.   1. about 16,000 Spaniards   2. Barcelona, Málaga, Mallorca, the Canary Islands   3. Mediterranean =
135.000 pesetas, Caribbean = 280.000 pesetas, three weeks in Pacific = 550.000 pesetas

PALABRAS EN CONTEXTO

Actividad 5   seguro de viaje, descuentos en las tiendas de las estaciones, cheques de viajero gratis,
sorteos de viajes en trenes turísticos, estacionamiento gratuito

Actividad 6   A.   Tipo de billete: de segunda clase de ida y vuelta; destino: Vigo; tren: La Estrella;
número de billetes: 2; precio total: 28.950 pesetas; hora de salida: 22:25

Actividad 8   Autobús: a la Plaza de Colón; 40 minutos; cada 12 minutos; 300 pesetas. Taxi: a Plaza Colón
= 1.000 a 1.300 pesetas; a Puerta del Sol = 1.100 a 1.400 pesetas; a Plaza de España = 1.200 a 1.500 pesetas;
suplementos: días festivos = 200 pesetas, domingos = 250 pesetas, cada maleta = 50 pesetas

ESTRUCTURAS EN CONTEXTO

Actividad 1   Horario de la sala de espera: 7:00–23:15; horario de las ventanillas: 6:45–23:15; horario de la
consigna de equipaje: 6:00–23:00; horario de la ventanilla de cambio: 8:00–24:00

LECCIÓN EN CONTEXTO

Actividad 1   1. Llegue al aeropuerto con 2 horas de antelación.   2. Lleve consigo todos los documentos
necesarios—pasaporte vigente, visa y cualquier otro documento requerido por las autoridades del país.
3. Entréguenos su equipaje y lleve en la mano sólo lo indispensable.   4. No ponga en su equipaje objetos
de valor, documentos o medicamentos vitales.   5. Ponga en su equipaje las etiquetas de identificación
con datos completos   6. No llueve consigo cuchillos, tijeras, explosivos, armas ni materiales inflamables
o radioactivos.

Actividad 2   A.   1. visitar a su familia, viajar   2. Chile   3. Arica   4. autobús   5. en avión
6. profesora de química   7. museos   8. crucero   **B.**   1. el quince de junio   2. el resto de junio
3. el dos de julio   4. el diez de julio   5. el trece de julio   6. dos o tres días después   7. a finales de julio

CAPÍTULO 15

DE ENTRADA

A. 1. tennis, windsurfing, snorkeling, water polo, aerobics; 2. a mini club; 3. shows, disco; 4. three daily meals are mentioned, but no particular dishes; 5. everything is included in the price of $350,000 pesos.

B. 1. Colombia; 2. buffets in restaurants; 3. three bars, live shows, discos, music; 4. two swimming pools, six tennis courts, beach.

PALABRAS EN CONTEXTO

Actividad 3 Elisa... localización: en el centro; habitación: pequeña y sucia; servicios: un desastre; tranquilidad: no la había. Sara... localización: en el centro; habitación: pequeña y acogedora; servicios: no los menciona; tranquilidad: a ella le gustaba el movimiento.

ESTRUCTURAS EN CONTEXTO

Actividad 1 Hotel Sierra... estrellas: 4; habitaciones: 250; restaurantes: 4; bares: 2; salas de conferencias: 5; otros servicios: un salón de banquetes, servicio de fax, fotocopiadora, sauna. Hotel Inca... estrellas: 4; habitaciones: 315; restaurantes: 4; bares: 4; salas de conferencia: 10; estacionamiento: 350 automóviles; otros servicios: conexión para modem y fax (en las salas de conferencia), tres salones de banquetes. Hotel Ortega... estrellas: 5; habitaciones: 250; restaurantes: 1; bares: 2; salas de conferencia: 5; estacionamiento: 200 automóviles; otros servicios: teléfonos directos digitales, tres salones de banquete, servicio de fotocopiadora.

LECCIÓN EN CONTEXTO

Actividad 1 **A.** 1. febrero 2. sus maletas 3. habitaciones 4. cucarachas, ruido 5. los EE. UU 6. coche **B.** 1. los números de los cupones de facturación de las maletas y el nombre de su hotel 2. No podía encontrar su reservación porque no había recibido la confirmación. 3. un hotel muy viejo, de tercera categoría 4. Volvieron al aeropuerto y desde allí a los EE. UU.

Actividad 2 1. más de dos millones 2. porque los vehículos motorizados ofrecen comodidades tales como sala de estar, cocina, cuarto de baño, etcétera 3. algunos de los campamentos ofecen alojamiento en albergues 4. los alojamientos están en los verdaderos parques y reservas de la naturaleza

CAPÍTULO 16

DE ENTRADA

A. 1. poultry; eggs 2. grain 3. fat

B. 1. ham, 1 2. lettuce, 3; 3. anchovies, 1 4. butter, 5 5. spinach, 3 6. banana, 3 7. rice, 4 8. avocado, 3 9. beans, 1 10. trout, 1 11. lobster, 1 12. carrot, 3 13. asparagus, 3 14. chocolate, 6 15. yogurt, 2 16. apple, 3 17. melon, 3 18. tomato, 3 19. sausage, 1 20. broccoli, 3

PALABRAS EN CONTEXTO

Actividad 7 Óptica... La Óptica Mirabella; dirección: Calle Carmen, número 14; teléfono: 55-41-16. Farmacia... la Farmacia Serrano; dirección: la Calle Serrano, número 112; teléfono: 65-11-15. Taxi... teléfono: 54-76-82; RENFE... teléfono: 53-02-02. Hospital... El hospital de la Cruz Roja; dirección: la Avenida de la Reina, número 24; teléfono: 33-39-00. Perfumería... la Perfumería Oriental; dirección: la Calle Carmen, número 2. Peluquería... Bella; dirección: la Calle Bravo, número 13; teléfono: 56-03-22. Correo... dirección: la Plaza de Márquez; teléfono: 53-60-10. Telefónica... dirección: Paseo de los Grandes, número 37

LECCIÓN EN CONTEXTO

Actividad 1 1. 447-77-77 2. 2. Teléfono Verde 3. los temas son ecología, agricultura, biología, turismo 1. 906-365-365 2. Teletiempo 3. pronósticos de tiempo a nivel nacional, provincial o marítimo actualizados tres veces al día; 24 horas al día

CAPÍTULO 18

DE ENTRADA

A. 1. Madrid–Brunete–San Martín de Valdeiglesias 2. San Martín de Valdeiglesias; Valcarnero, Móstoles 3. Villaviciosa de Odón 4. village; ash tree; meadow

B. Subjects mentioned: insectos, clima, ropa recomendada, animales, plantas; centro de información, programas educativos, mapas

PALABRAS EN CONTEXTO

Actividad 6 1. 1521; los españoles (Hernán Cortés) 2. 1533; los españoles (Francisco Pizarro)
3. 1496; los españoles 4. 1984-1985; los arqueólogos estadounidenses 5. 1987; algunos arqueólogos

LECCIÓN EN CONTEXTO

Actividad 1 1. pescadores y marineros 2. Galicia 3. el 16 de julio 4. Los pueblos costeños se visten de gala y organizan procesiones marítimas, colocan la imagen de la Virgen en un barco y el barco pasa en procesión, varios pueblos conservan danzas marineras, en otros pueblos pescaderos y marineros bailen.

CAPÍTULO 19

DE ENTRADA

A. 1. answers will vary; San Cristóbal de las Casas; Tuxtla Gutiérrez, Palenque, Chiapa de Corzo Ocosingo 2. army; capture 3. has retreated; there are mountains and jungles 4. that human rights are being violated; the army

B. Items mentioned: vidrio, alumnio, plástico, madera, metales, papel, cartón, pilas, aceite usado, baterías de automóvil, tubos fluorescentes, radiografías 1. permite el reciclaje directo de ciertos materiales
2. disminuye el vertido incontrolado de los residuos 3. ayuda a separar los residuos peligrosos

PALABRAS EN CONTEXTO

Actividad 3 Magda... pan, mayonesa, dos o tres rebanadas de jamón, algunos espárragos, unas rebanadas de queso. Lorenzo... pan, mostaza, varias sardinas, algunas rebanadas de cebolla, algunas rebanadas de tomate. Raimundo... pan, algunas rebanadas de jamón, un huevo cocido duro, unas rebanadas de salchicha, una ración de jalapeños, algunas hojas de lechuga

Actividad 7 Cliente: Don Raimundo de Carrión; día de la vista: el sábado pasado; quejas de la comida servida: él pidió vino tinto y le sirvieron vino blanco, su esposa pidió una chuleta bien pasada y se la sirvieron casi cruda; quejas del servicio: el mesero se vio muy desinteresado, servicio lento y malo. Cliente: María Eugenia Clara Rosario de Nuñez Villaseñor; día de la visita: el domingo; quejas del servicio: el mesero le llevó una copa sumamente sucia; quejas del ambiente o la mesa: no había tenedor ni servilleta, el cuchillo estaba sucio, se oía música moderna a todo volumen.

Actividad 8 Nombre: Café Imperial; dirección: la Plaza de Bolívar; teléfono: 772-50-13; horas: de martes a domingo de 5:00 P.M.–1:00 A.M. especialidades: una sopa de pescado, una sopa de alcachofas; aspectos buenos: los postres maravillosos, una de las más completas selecciones de vinos franceses en Bogotá; aspectos malos: sin reservación no se puede conseguir mesa, el ambiente es demasiado ruidoso. Nombre: Casablanca; dirección: la calle Donoso, 40; teléfono: 66-15-02; horas: todos los días de las 11:00 A.M.–12:00 P.M.; especialidades: platos típicos de la región, variedad de carnes a la parrilla; aspectos buenos: se destacan los postres de elaboración propia; aspectos malos: precios altos, no hay estacionamiento ni rutas de autobús cerca del restaurante.

ESTRUCTURAS EN CONTEXTO

Actividad 1 comprar las flores, abrir el vino, pasar la aspiradora, preparar la sopa, lavar el baño, poner la mesa, hacer la torta de manzana

LECCIÓN EN CONTEXTO

Actividad 1 1. Mar y Sol   2. elegante   3. todos los días, medianoche   4. pollo asado, crema de mariscos   5. ensaladas mixtas   6. helados

Actividad 2 Servicio: Tele-Burger; Descripción: servicio a domicilio para pedir hamburguesas, papas fritas y una ensalada mixta; teléfono: 53-65-66. Nombre: Dulci-Mundo; Descripción: servicio de envío de dulces, confecciones, pasteles y bombones de varias regiones; teléfono: 34-50-13

CAPÍTULO 17

DE ENTRADA

A. 1. Please print   2. sender   3. recipient or addressee   4. texto   5. indicaciones   6. señas

B. 1. Infotur   2. 7 days week, 24 hours a day   3. 901-30-06-001; services mentioned: hotel vacancy updates (and reservation service), culture and entertainment information, train and bus information

PALABRAS EN CONTEXTO

Actividad 2   Eliseo... la emigración: desastre natural; la inmigración: oportunidades económicas. Netza... la emigración: problemas personales; la inmigración: oportunidades educativas, oportunidades económicas, lazos familiares. Marisa... la emigración: desempleo; la inmigración: oportunidades económicas. Pármeno... la emigración: represión política; la inmigración: libertad y derechos civiles

Actividad 6   Alicia Vargas... país de origen: El Salvador; años en los EE. UU.: desde 1993; problema: tiene que enviar dinero para que su tía pueda pagar la operación; servicio que necesita: busca un servicio que le ayude a enviar dinero. Gloria Andújar... país de origen: Puerto Rico; años en los EE. UU.: 11 meses; problema: quiere que su madre se mude a Nueva Jersey; servicio que necesita: busco una compañía que se especialice en mudanzas internacionales. Herberto Hernández... país de origen: Guatemala; años en los EE. UU.: 4; problema: su hermano había sido detenido por la policía y su papá tiene miedo de buscarlo porque tiene miedo a la policía; servicio que necesita: un abogado que pueda investigar el caso

LECCIÓN EN CONTEXTO

Actividad 1   A.   la cultura, el racismo, la pobreza, la seguridad económica, mantener las tradiciones, la discriminación, los prejuicios   **B.   1.** los inmigrantes   **2.** asimilarse   **3.** aprenden inglés   **4.** los antecesores de los proponentes también eran inmigrantes   **5.** al racismo y el odio

PALABRAS EN CONTEXTO

Actividad 1   los asaltos a casas, la delincuencia, el robo de vehículos, la toxicomanía

Actividad 5   Número de teléfono: 010; horario: el día de las elecciones, entre las 8:30 y las 20:00; información: la localización del colegio electoral y qué se puede hacer para votar si se ha sido excluido del censo

Actividad 8   2. energía: no malgastar energía, es más barato ahorrar energía que producirla   3. agua: no malgastar el agua, es más barato ahorrar agua que depurarla   4. violencia: no encender fuegos en el monte, es una violencia contra la naturaleza   5. reducción y reciclaje: reducir lo que consume, reciclar   6. productos locales: los productos que vienen de otras regiones gastan energía en el transporte   7. diversificación: diversifar los recursos / usar la energía alternativa   8. productos químicos: evitar el uso, gastan recursos al producir y presentan problemas de almacenar   9. productos plásticos: limitar el uso, gastan recursos al producir y no son biodegradables   10. paciencia: tener paciencia, lleva mucho tiempo salvar la tierra

ESTRUCTURAS EN CONTEXTO

Actividad 3   2. debemos controlarlos   3. debemos conservar este recurso natural   4. el gobierno debe ayudar las empresas a crear nuevas tecnologías   5. el problema de los desperdicios se ha controlado

LECCIÓN EN CONTEXTO

Actividad 1   Nombre: Margarita Gómez; día de la llamada: el lunes; mensaje: vive cerca del Hospital Magdalena y oye sirenas de ambulancias y de la policía veinticuatro horas diarias. Nombre: Federico Roldán Camponieves; mensaje: los jóvenes en su barrio echan papelitos en el suelo y se ve basuras por toda parte. Nombre: Bernardo Morales; día de la llamada: el jueves; número de teléfono: 543-21-09; mensaje: pregunta por qué la ciudad no recoge a domicilio el vidrio y el plástico

CAPÍTULO 20

DE ENTRADA

A.   1. 1968; the Bronx   2. probably Puerto Ricans   3. middle- and upper-class readers   4. international (**mudanzas internacionales**), interstate (**interestatales**), local (**locales**), and commercial (**mudanzas comerciales**); auto transport (**transporte de autos**)   5. storage, packing, at reasonable rates

The terms that have English cognates are **mudanzas internacionales/interestatales/locales** = international/interstate/local shipping or moving, **mudanzas comerciales** = commercial moving or shipping, and **transporte de auto** = transport of automobiles; **almacenajes** = storage, **embalajes** = packing or crating, **tarifas razonables** = reasonable tariffs

B.   Puerto Rico... vida familiar: familias más unidas; vida de la comunidad: siempre ve a los vecinos y la familia está siempre cerca; otras diferencias: Puerto Rico es una isla de verano eterno. Estados Unidos... parece que los estudiantes no echan de menos a la familia; vida de la comunidad: la gente no tiene relaciones estrechas, no tiene tiempo de hacer amistades, la vida cotidiana es muy aislada; otras diferencias: los inviernos le parecen imposibles